Eine Bildreise

Norbert Kustos/Gustav A. Wittich/Ellert & Richter Verlag

Madeira

Gustav A. Wittich, geb. 1962 in Bonn, studierte visuelle Kommunikation in Düsseldorf. Seit 1979 bereist er regelmäßig Portugal, insbesondere Lissabon und die Algarve. Als Inhaber einer auf Touristik spezialisierten Werbeagentur betreut er seit vielen Jahren einen großen deutschen Portugal-Reiseveranstalter. Für den Ellert & Richter Verlag verfaßte er den Titel „Portugal. Eine Bildreise".

Norbert Kustos, geb. 1957 in Lahr, beschäftigte sich nach dem Studium der Germanistik und Geschichte intensiv mit Fotografie und arbeitet als freischaffender Bildjournalist. Seine Fotos erschienen u. a. bei „GEO-Frankreich", „Globo", „GEO Saison", im „ZEITmagazin" und in diversen Kalendern. Für den Ellert & Richter Verlag fotografierte er die Bildreisen „Bretagne", „Schwarzwald", „Der Neckar", „Schönes Baden-Württemberg", „Portugal" und „Der Bodensee" sowie den Kalender „Portugal".

Bildnachweis:
Fotos: Norbert Kustos, Malsch

außer:
Archiv für Kunst und Geschichte, Berlin: S. 23, 24, 25, 30
Bildarchiv Preußischer Kulturbesitz, Berlin: S. 22, 28, 32

Der Abdruck der Karte erfolgt mit freundlicher Genehmigung der OLIMAR-Reisen, Köln.

Titelabbildung:
Porto da Cruz

Die Deutsche Bibliothek – CIP-Einheitsaufnahme

Madeira / Norbert Kustos/Gustav A. Wittich. –
Hamburg:
Ellert und Richter, 1998
(Eine Bildreise)
ISBN 3-89234-686-0

Text und Bildlegenden: Gustav A. Wittich, Köln
Lektorat: Daniel Tilgner, Hamburg
Bildredaktion: Kathrin I. Müller, Hamburg
Gestaltung: Büro Hartmut Brückner, Bremen
Satz: DTP Bormann, Hamburg
Lithographie: Offset-Repro im Centrum (ORC), Hamburg
Druck: PPK Partner für Print + Kommunikation, Bielefeld
Bindung: S. R. Büge, Celle

Inhalt

Wollte man die häufig zu hörenden Umschreibungen für Madeira auflisten, so käme schnell einiges zusammen – von „Portugals schwimmender Garten“ über die „Blumeninsel“ und die „Perle im Atlantik“ bis hin zur „Insel des ewigen Frühlings“, um nur die bekanntesten zu nennen. Und will man den Madeirensern Glauben schenken, so ist ihre Heimat gar jener Rest des sagenhaften Inselreichs Atlantis, der den Fluten widerstand und aus dem weiten Ozean emporragt …

Paradies hin, Paradies her: Madeira vermag den Reisenden mit einem Abwechslungsreichtum zu fesseln, den anderenorts nicht einmal ganze Länder aufbieten können. Zwischen der pulsierenden Inselmetropole Funchal an der Südküste und den einsamen Landstrichen der Nordküste liegt eine Welt der Kontraste: Da gibt es Touristenzentren, verträumte Bergdörfer und pittoreske Fischerstädtchen. Da wechseln eine Blumenpracht in Hülle und Fülle, intensiv genutztes Kulturland, undurchdringlicher Waldbestand und karge Hochebenen einander ab. Darüber hinaus erwarten den Besucher atemberaubende Steilküsten und nicht zuletzt ein wild zerklüftetes, üppig-grünes Bergland mit drei ansehnlichen Achtzehnhundertern, rauschenden Wasserfällen und jenem einmaligen, mehrere tausend Kilometer verzweigten Netz von Bewässerungskanälen, den Levadas. Wo Wasser fließt, lockt fast immer auch ein Wanderweg für Entdeckungen auf eigene Faust, fern der ausgetrampelten Pfade. All das vereint sich auf knapp 750 Quadratkilometern!

Die nahezu einzige Konstante ist das bereits sprichwörtliche, ganzjährig milde und frühlingshafte Klima, das die Existenz verschiedener Jahreszeiten schier vergessen macht.

Im Vergleich zur Südküste fallen die Berghänge an der Nordküste wesentlich steiler zum Meer hin ab – das Cabo Girão im Süden ausgenommen. Das Klima im Norden ist zudem generell kühler und regenreicher – und das Landschaftsbild somit grüner.

Der Grund hierfür liegt relativ nahe, genauer gesagt ungefähr 600 Kilometer entfernt, und heißt Nordafrika. Der Archipel im Atlantik ist auf etwa demselben Breitengrad (33° Nord) wie das marokkanische Casablanca anzutreffen, 900 Kilometer südwestlich von Lissabon und dem Mutterland Portugal. Zu Madeira gehört aber nicht nur die Hauptinsel mit ihren rund 280 000 Einwohnern, sondern auch das 50 Kilometer nordöstlich gelegene Eiland Porto Santo (ca. 45 Quadratkilometer, 5000 Bewohner) und die Desertas, die „Verlassenen“ – drei unbewohnte, fast vegetationslose Inseln (zusammen 1,4 Quadratkilometer groß) 20 Kilometer südöstlich von Madeira. Schon näher bei den Kanaren als bei der Madeira-Gruppe befinden sich schließlich die der Verwaltung des Archipels unterstellten Selvagens (die „wüsten Inseln“), die wie die Desertas unbewohnt sind und unter Naturschutz stehen.

Trotz seiner meist frühlingshaften Temperaturen ist Madeira aber beileibe kein reines Sonneneiland. Die Lage läßt erkennen, daß die Insel in den Einzugsbereich der Nordostpassate und des kalten Kanarenstroms fällt. Mit afrikanischer Hitze darf ebenso wenig gerechnet werden wie mit dem wolkenlosen Himmel einer Mittelmeerinsel. Madeiras Reize beruhen vielmehr auf den unterschiedlichen Klima- und Vegetationszonen auf engstem Raum.

Fraglos besitzt die Insel ein ausgeglichenes Klima mit relativ geringen Temperaturunterschieden zwischen Tag und Nacht, Sommer und Winter. Das Jahr hindurch schwanken die mittleren Tageshöchsttemperaturen Madeiras zwischen knapp 20 °C und kaum mehr als 25 °C; lediglich der Leste, ein aus Afrika kommender Süd-

ostwind, läßt das Thermometer im Sommer auf über 30 °C klettern. Doch bleibt bei der Planung einer Reise zu bedenken, daß die Insel verschiedene Klimazonen von trocken bis feucht aufweist und die Temperaturen und Niederschlagsmengen wegen der geographischen Beschaffenheit stärker schwanken können (so verringert sich bei über 500 Meter Höhenunterschied die Temperatur um jeweils ca. 3 °C).

Madeira bildet quasi die berühmte „Spitze des Eisbergs". Der höchste Gipfel, der Pico Ruivo, ragt 1862 Meter über dem Meeresspiegel auf. Was man nicht sieht, ist das gewaltige Gebirge vulkanischen Ursprungs unter der Wasseroberfläche. Bereits in nächster Nähe der Inseln ist der Atlantik 4000 Meter tief. Die Felssockel der Inseln sind außerordentlich steil. Ein Schelfgürtel, die Flachwasserzone an den Küsten, die den Lebensraum einer Vielzahl von Fischen und anderen Meerestieren bildet, ist hier so gut wie nicht vorhanden. Diese schroffen Gesteinsformationen setzen sich auch über Wasser fort. Die Küste besteht zum überwiegenden Teil aus hoch aufragenden Klippen, deren Paradebeispiel, das Cabo Girão im Süden zwischen Câmara de Lobos und Ribeira Brava, als zweithöchstes Steilkap der Welt gilt. Stolze 580 Meter fällt

Östlich von Ribeira Brava steigt die zersiedelte, mit unzähligen Terrassenfeldern versehene Steilküste an, um am Cabo Girão ihren Höhepunkt zu finden.

Rund ein Drittel der Gesamtfläche Madeiras liegt mehr als 1000 Meter hoch. Die vielen aus dem Gebirge herabstürzenden Flüsse und Bäche schufen – wie hier bei Curral das Freiras – im Lauf der Jahrhunderte bizarre Landschaftsbilder mit tiefen Schluchten zu Füßen steiler Berghänge.

es fast senkrecht zum Wasser ab! Flache Buchten sind eine Seltenheit, von Sandstränden ganz zu schweigen, und als reine Badeinsel wird man Madeira ganz sicher nicht besuchen. Die einzige größere ebene Fläche – außer der Runway des Flughafens – ist das Hochmoor Paúl da Serra, rund 1400 Meter über dem Meeresspiegel.

Überhaupt liegt ein Drittel der Gesamtfläche Madeiras höher als 1000 Meter. Ihre zerklüftete Oberfläche ist vor allem durch die Naturgewalt der zahlreich aus den Höhenlagen herabstürzenden Flüsse und Bäche entstanden, die die Insel feinadrig durchziehen. Sie schnitten im Lauf der Jahrhunderte malerische Täler in die Gebirgsmassive und sorgten für bizarre Landschaftsbilder mit tiefen Schluchten zu Füßen schroffer Bergwände. Die höchste Erhebung im Inselinnern ist die zentrale Bergkette mit ihren bis zu über 1800 Meter aufragenden Gipfeln, die sich in Ost-West-Richtung über Madeira erstreckt. Sie ist zugleich eine Klimascheide und somit der Schlüssel zum Verständnis der hausgemachten Wetterküche. Das Gebirge fällt zur Südküste hin erheblich flacher ab als zur Nordküste, weshalb nahezu der gesamte landwirtschaftlich genutzte Boden im Süden der Insel liegt.

Nicht geringer sind die Gegensätze der verschiedenen Klima- und Vegetationszonen, die sich der Höhe nach gestaffelt um den Gebirgszug anordnen. Madeiras „sunny side of life“ ist (neben der Nachbarinsel Porto Santo) zweifelsohne die Südküste. Bis gut 300 Meter Höhe herrschen hier subtropische Bedingungen, bis 750 Meter folgt ein Mittelmeerklima, und erst darüber beginnen gemäßigt kühle Klimate. Die Nordküste präsentiert sich hingegen immer ein paar Grade kälter, und im Norden fällt auch der größte Teil des Regens. Die Passatwinde treffen auf die Gebirgsbarriere und strömen an ihr in die Höhe. Die Luft kühlt ab, ihre Feuchtigkeit bildet Wolken und nicht selten auch Nebelbänke, die zwischen 500 und 1500 Meter Höhe vor dem Gebirgszug stehen. Anhaltender Nieselregen ist die Folge. Der Wind, der nun über den Kamm auf der Südseite der Insel wieder hinabströmt, enthält nur noch wenig Luftfeuchtigkeit. So muß der Norden bis zu 2000 Millimeter Niederschlag pro Jahr hinnehmen, während gleichzeitig im Süden die Sonne scheinen kann. Von Juni bis September regnet es in und um Funchal selten; in den übrigen Monaten bestimmt jedoch auch hier wechselhaftes Wetter das Bild (man wird doch

nicht im Ernst annehmen wollen, daß sich der legendäre Blütenzauber ohne einen Tropfen Wasser entfalten könnte). In den Bergregionen kann es im Winter nachts sogar frieren, und die Gipfel tragen hin und wieder eine lichte Schneedecke. Den landschaftlichen und klimatischen Unterschieden entspricht die Bevölkerungsverteilung. Etwa 90 Prozent der Bewohner leben entlang dem schmalen Küstenstreifen im Süden, vor allem in der Inselhauptstadt Funchal und ihrer näheren Umgebung. Wesentlich dünner besiedelt ist der rauhere, wenngleich wildromantische Norden, dem es schon zwangsläufig an adäquaten Infrastrukturen mangelt, und fast völlig unbesiedelt ist das gebirgige Landesinnere.

Gegensätze ziehen sich an ... und auch die Besucher. Und das nicht nur im Sommer, sondern vor allem in den Winter- und Übergangsmonaten, wenn es hier stets deutlich wärmer ist als in Mitteleuropa. Neben dem milden Klima, der aufregenden Landschaft und der Blumenpracht gibt es viele weitere Gründe für eine Reise nach Madeira. Manche Besucher erhoffen sich Ruhe und Entspannung; versteckte Ecken und Winkel, in denen man herrlich die Seele baumeln lassen kann, gibt es überall. Andere konzentrieren sich mehr auf sportliche Betätigung; auch sie werden nicht enttäuscht: Segler, Surfer, Taucher, Tennis- und Golfliebhaber, vor allem aber Wanderer kommen auf ihre Kosten. Wiederum andere schätzen das großstädtische, durchaus mondäne Flair Funchals mit seinen kulturellen Reizen. Einige reisen sogar eigens für die Feste an, deren unumstrittenen Höhepunkt das grandiose Feuerwerk am letzten Tag des Jahres bildet. Als eines der bekanntesten und schönsten der Welt erweist es dem Schutzpatron der Insel, dem heiligen Silvester, alle Ehre.

Es ist Madeiras großer Vorteil, daß man bei der geringen Größe der Insel sämtliche Interessen und Vorlieben bequem miteinander kombinieren kann. Exotische Früchte und der berühmte Madeira-Wein versüßen den Aufenthalt zusätzlich, und eine – bitte originale – Madeira-Stickerei oder eine hochwertige, handgefertigte Korbflechtarbeit als Mitbringsel halten auch zu Hause noch die guten Erinnerungen wach. Madeira läßt also kaum einen Wunsch offen, nur feinsandigen Strand mag man vermissen. Den gibt es dafür im Überfluß auf der kleinen Nebeninsel Porto Santo. Grund genug für einen Seitensprung?

Von Madeiras Ostspitze, der felsig-kahlen Ponta de São Lourenço, fällt der Blick zurück sowohl auf Abschnitte der Süd- wie auch der Nordküste. Den Sonnenuntergang im Westen hat man immer geradewegs vor Augen.

Einem Wächter gleich erhebt sich an der wildromantischen Nordküste der 590 Meter hohe Adlerfelsen Penha de Águia, zu seinen Füßen im Westen die Ortschaft Faial, im Osten das Städtchen Porto da Cruz. Das imposante Wahrzeichen des Nordens verdankt seinen Namen den Fischadlern, die hier einst ihr Brutrevier hatten, und kann auf einem schmalen Pfad von der Südseite aus erklommen werden – vorausgesetzt, man ist ein erfahrener Wanderer und schwindelfrei.

Das Cabo Girão – an der Südküste zwischen Câmara de Lobos und Rebeira Brava gelegen – gilt als das zweithöchste Steilkap der Welt; Schwindelfreie können hier 580 Meter in die Tiefe sehen. Noch beeindruckender als die Höhe ist indes die Tatsache, daß die Madeirenser kleinste Terrassenfelder direkt unterhalb des Steilfelsens bebauen.

Curral das Freiras, das seinen Namen – Nonnenstall – einer historischen Begebenheit verdankt, liegt rund 15 Kilometer nordwestlich der Inselmetropole. In diesen abgelegenen, schwer zugänglichen Talkessel flüchteten die Nonnen des Klosters Santa Clara in Funchal während des großen Überfalls französischer Piraten anno 1566. Eine Touristenattraktion ersten Ranges ist neben der kleinen Ortschaft selbst der Aussichtspunkt Eira do Serrado, von dem man – fast 800 Meter hoch senkrecht über dem Tal – einen atemberaubenden Blick in die Tiefe genießt.

Die abgelegenen Regionen der Nordküste oder des Inselinneren sind, obwohl die Infrastruktur in den letzten Jahren erheblich verbessert wurde, wie von der Außenwelt abgeschnitten und nur über holprige Pflastersträßchen oder das weitverzweigte Netz der Levada-Wanderwege erreichbar. Da auf Madeira seit Menschengedenken Lasttiere wie etwa der Esel aus Kostengründen nie zum Einsatz kamen, gilt bis heute gerade für die Kleinbauern: Mann oder Frau trägt selbst.

Fisch ist ein fester Bestandteil der Madeirenser Küche. Das Städtchen Câmara de Lobos an der Südküste – ein Lieblingsmotiv des Hobbymalers Sir Winston Churchill – nennt einen der wichtigsten Häfen sein eigen, obwohl der Fischfang mit den zumeist kleinen bunten Holzbooten nicht allzu viel abwirft. Auffällig sind für Besucher die zahlreichen Holzgestelle, auf denen einige Fischsorten zum Ausdörren in der Sonne aufgespannt werden.

Eine von Madeiras im wahrsten Sinne des Wortes größten Attraktionen ist die wild zerklüftete Bergwelt, die immerhin drei veritable Achtzehnhunderter ihr eigen nennen kann. Die nicht selten in Wolken gehüllten Gebirgsmassive – hier am Pico do Arieiro – sind bis zu einer bestimmten Höhe mit dem Auto erreichbar und können von dort aus weiter erwandert werden. Freilich sind auch die obligatorischen Souvenirläden, Restaurants, Berghütten oder gar eine Pousada als Nachtquartier vorhanden.

Blühend und romantisch wie die Vegetation Madeiras sind die Legenden um seine Entdeckung.

Für die alteingesessenen Engländer auf der Insel kann der Entdecker nur einer der ihren gewesen sein. Robert Machim (oder Machyn) soll er geheißen haben. Mit seiner Geliebten, die aus gutem Hause kam und ihn nicht heiraten durfte, wollte er eigentlich nach Frankreich flüchten. Vom Sturm abgetrieben, strandeten die beiden 1346 beim heutigen Machico und fanden so den Archipel, der für die Portugiesen erst ein Menschenalter nach der tragischen Lovestory mit den Seefahrern João Gonçalves Zarco und Tristão Vaz Teixeira in die Geschichte einging. Die Gelehrten streiten noch immer …

Als sicher gilt, daß Madeira auf einer schon 1351 erschienenen Florentiner Seekarte als „Isola di Legname“ (italienisch „Holzinsel“) auftauchte. Und unzweifelhaft steht fest, daß Zarco und Teixeira 1418 zunächst das kleine Nebeneiland Porto Santo entdeckten. Von dort gelangten sie 1419 auf die Hauptinsel, die wegen ihrer dichten Wälder den Namen Madeira (portugiesisch „Holz“) bekam, wenngleich man den italienischen Namen nur übernahm.

Die Ära der großen Entdeckungen hatte gerade begonnen. Die geographische Randlage brachte es mit sich, daß sich die Portugiesen zu fast allen Zeiten eher dem Meer und dem, was dahinter liegen mochte, zuwandten als dem europäischen Festland – verbunden mit dem Wunsch, auf den Ozeanen neue, schnellere Handelswege zu erkunden. Als tatkräftiger Förderer dieser Bestrebungen erwies sich der dritte Sohn von König João I., der Infante Dom Henrique (1394–1460), der als „Heinrich der Seefahrer“ die Geschicke des Königreichs maßgeblich beeinflussen sollte. Der Großmeister des Christusritter-Ordens versammelte Schiffbauer und Gelehrte unterschiedlicher Gebiete um sich und legte mit ihnen die Wissensgrundlage für den Aufstieg Portugals zur Weltmacht.

Mit den von Heinrichs Beratern entwickelten, leichten und wendigen Karavellen glückten bald die ersten Vorstöße entlang der nord- und westafrikanischen Küste, und Madeira wurde zum wichtigen Stützpunkt auf dem Seeweg nach Afrika, später auch Asien und Südamerika. Zarco, Teixeira und ein weiterer Kapitän, Bartolomeu Perestrelo, trieben im Auftrag des Infanten die Kultivierung der Insel voran. Chronisten zufolge sei die Rodung so spektakulär gewesen, daß Madeira über ein Jahrzehnt lang brannte. Der Laurazeenwald, der einst die gesamte „Holzinsel“ bedeckte, blieb nur im Gebirge und im Norden erhalten und wurde ansonsten durch Terrassierung verdrängt.

Madeiras frühe wirtschaftliche Blütezeit ging Hand in Hand mit dem Anbau von Zuckerrohr. Ab 1452 sorgte der Import von Sklaven dafür, daß genügend Arbeitskräfte zur Verfügung standen, um den Bau von Terrassen und Bewässerungssystemen, den Levadas, voranzutreiben. Die immens profitable Produktion des „weißen Goldes“ sorgte für einen Wirtschaftsboom und für Handelsbeziehungen mit ganz Europa. Die Zuckerhüte zieren im übrigen bis heute das Stadtwappen Funchals.

Der Zuckerhandel war es auch, der 1478 einen Genueser Seemann nach Madeira und Porto Santo trieb. 1492 sollte er Amerika entdecken – allerdings für die spanische Krone. Kaum sechs Jahre danach gelangte der berühmteste portugiesische Seefahrer zu seinem Ruhm: Vasco da Gama (1468/69–1524) fand das, was Kolumbus (1451–1506) eigentlich gesucht hatte. Der Seeweg nach Indien stand nun auch den Europäern offen, und die Portugiesen bauten von Goa aus den Handel mit dem Subkontinent auf. Es folgten Handelsniederlassungen auf Malakka, Ceylon, Java, den Molukken und an der chinesischen Küste.

Angesichts der rasanten Entwicklung ließ auch die Kirche nicht lange auf sich warten: 1497 begann der Bau der Kathedrale in Funchal, und schon 1516 erhob Papst Leo X. die Stadt zum Bischofssitz (aufgrund der Tatsache, daß die neuen Kolonien zur Diözese Funchal gehörten, war sie über Jahrzehnte die größte der Welt). Die Madeirenser bedankten sich mit einer Nachbildung des Petersdoms – ganz aus Zucker, versteht sich.

Bereits um 1500, gerade 80 Jahre nach der Entdeckung, arbeiteten auf Madeira 120 Zuckermühlen. Eineinhalb Millionen Kilo Zucker wurden pro Jahr exportiert, bis sich die Kehrseite des Booms zeigte. Der Getreideanbau war so sehr zurückgedrängt worden, daß es 1485 zu einer Hungersnot kam. Außerdem laugte das Zuckerrohr den fruchtbaren Boden aus; die Produktion

Heinrich der Seefahrer (1394-1460) gilt als Wegbereiter der großen Entdeckungen. Der Infante Dom Henrique, dritter Sohn von König João I., war von 1420 an Großmeister des Christusritter-Ordens. Er versammelte – wie das 1940 entstandene Gemälde von Adriano de Sousa Lopez anschaulich darstellt – Seefahrer, Schiffbauer, Astronomen und Kartographen um sich, um Portugals Aufbruch zu neuen Welten zu planen. Die Existenz der legendären Seefahrerschule von Sagres (Algarve), die durch viele Reiseführer und Geschichtsbücher geistert, ist indes unter Historikern umstritten.

brach zusammen. Den hohen Herren in Funchal bereitete dies nicht lange Kopfzerbrechen. Schon ab 1530 entstanden auch auf den Westindischen Inseln und in Brasilien, wo Pedro Álvares Cabral 1500 gelandet war, Zuckerrohr-Plantagen. Der Sklavenhandel von Afrika nach Amerika nahm ungeahnte Ausmaße an, und in kurzer Zeit produzierten die Kolonien bisher unbekannte Mengen. Madeiras Kaufleute nutzten ihre Erfahrung und Verbindungen im Handel mit dem „weißen Gold", schlugen den Zucker im Hafen von Funchal um und belieferten ganz Europa.

Nach der Aufgabe der Rohrzuckerproduktion erholte sich die Landwirtschaft Madeiras durch verstärkten Anbau vor allem von Wein, für den die Insel hervorragende Bedingungen bot. Auch das sollte sich durch den zunehmenden Schiffsverkehr zwischen Amerika und Europa zu einem guten Geschäft entwickeln – wenngleich nicht nur die christliche Seefahrt im Atlantik ihren Aufschwung nahm. Geld und Wohlstand der Überseekaufleute machten Madeira bzw. seine Handelsflotte zur lohnenden Piratenbeute.

Zwar trieben die Portugiesen erfolgreichen Seehandel und erbrachten 1519 bis 1522 mit der ersten Weltumseglung den Beweis, daß die Erde eine Kugel ist, doch zeichnete sich der Niedergang ihres Königreichs nunmehr ab. Als die Dynastie der Aviz mit dem Kind-König Sebastião (1568–78) ausstarb, erlangte als Folge von politischen und personellen Krisen 1580 der spanische König als Filipe I. die Macht über Portugal. Das Land – mitsamt Madeira – geriet für 60 Jahre unter spanische Fremdherrschaft, während derer es viele seiner Kolonien und Handelsstützpunkte an die konkurrierenden Engländer und Holländer verlor. Portugal mußte für die militärischen Niederlagen der Spanier durch Gebietsverluste zahlen, und die Reste seiner einst stolzen Flotte gingen 1588 mit der spanischen Armada vor England unter. Zu dieser Zeit waren die Küsten Madeiras weitgehend ungeschützt den Überfällen der zumeist englischen Korsaren preisgegeben.

Es sieht allerdings so aus, als hätten Portugiesen und Madeirenser all dies weniger den Briten als den Spaniern übelgenommen. Nachdem 1640 – nicht zuletzt dank englischer Unterstützung – die verhaßten Spanier aus dem Königspalast von Lissabon vertrieben waren und mit dem Herzog von Bragança als João IV. wieder ein Portugiese inthronisiert wurde, entwickelten sich die Beziehungen außerordentlich gut: London entsandte seinen ersten Konsul nach Madeira. 1660 wurde Charles II. König von England und heiratete Catarina von Bragança. Die Briten ließen sich kurz darauf im Methuen-Vertrag von 1703, der die portugiesisch-englischen Handelsbeziehungen regelte, zahlreiche Zugeständnisse machen, und die englischen Madeira Shippers brachten Weinanbau und -handel auf der Insel zu neuer Blüte. Der Vinho da Madeira avancierte jetzt zu einem bevorzugten Getränk der feinen Gesellschaft in Übersee und natürlich in England selbst. Zudem lockten die Privilegien, die Madeira bot, viele Einwanderer aus Großbritannien an. Die Blandys und andere trugen kräftig dazu bei, daß die Wirtschaft mit ihren Weinen im 18. Jahrhundert zum zweiten Mal einen Boom erlebte – fast so wie in den Tagen des Zuckers.

Seinen ganz besonderen Charakter bekam der Madeira übrigens erst in dieser Zeit. Man stellte fest, daß die Wärme beim Transport über den Äquator den Geschmack sehr vorteilhaft beeinflußt hatte, und fortan wurden sämtliche Fässer, auch wenn sie für England bestimmt waren, zunächst über den Äquator „spazierengefahren". Für eine andere Neuerung sollte dann wenig später die „große Politik" sorgen: Das noch heute übliche Verstärken des Weins durch Zusetzen von Brandy („Aufspritten") hatte eine Verbesserung der Haltbarkeit zum Ziel, als man in Funchal auf einer Riesenmenge von Fässern sitzengeblieben war, da Napoleon den Seehandel der Insel blockierte. Die enorme strategische Bedeutung Madeiras ließ London nicht lange zögern: Die Insel bekam 1801 vorsorglich eine englische Garnison. Ab 1806 versuchte Napoleon durch die Kontinentalsperre, den britischen Handel mit dem europäischen Festland zu unterbinden; die Häfen der gesamten Nordseeküste wurden für englische Schiffe gesperrt. Nur Portugal weigerte sich, dem Alliierten in den Rücken zu fallen – seine Häfen blieben offen. Der kleine große Korse mußte nun auf der Iberischen Halbinsel für Abhilfe sorgen: 1807 marschierten seine Truppen durch Spanien in Portugal ein; das Königshaus floh nach Brasilien. Englische Truppen landeten von der Seeseite in Portugal, und auch Madeira wurde zum Schutz vor einem möglichen Angriff Frankreichs erneut mit einer Garnison von 4000 Soldaten versehen. Diese hinterließen nach den napoleonischen Kriegen ein deutlich sichtbares Erbe: Ihre Nachkommen unterscheiden sich noch heute durch helles Haar und blaue Augen von den meisten übrigen Inselbewohnern.

England ließ sich seine Unterstützung bei der Vertreibung der Franzosen teuer bezahlen, indem es Portugal als Protektorat in Beschlag nahm. Erst eine 1820 von Porto ausgehende Revolution beendete die englische Besatzungszeit. Eine liberale Verfassung, die die Rechte des inzwischen zurückgekehrten Königs drastisch beschnitt, trat 1822 in Kraft – verbunden mit der Einführung des allgemeinen Wahlrechts (außer für Frauen), der Meinungs- und Pressefreiheit und der endgültigen Abschaffung der Inquisition. Auch auf Madeira spürte man den neuen Zeitgeist. Die erste Zeitung –

Vasco da Gama (1468/69-1524) – hier eine Buchmalerei aus dem „Livro de Lisuarte de Abreu" von 1565 – ist der bekannteste portugiesische Seefahrer. Er entdeckte 1498 den Seeweg nach Indien und festigte so Portugals damalige Stellung als Weltmacht.

„Patriota Funchalense" – wurde gegründet, und wie auf dem Festland spaltete sich die Bevölkerung in Befürworter und Gegner der neuen Freiheiten, die sich auf das schärfste bekämpften. Adel und Klerus, die um die Wiederherstellung der Königsherrschaft bemüht waren, unterlagen in einem zweijährigen Bürgerkrieg. Die bürgerliche Regierung in Lissabon setzte als Repräsentanten nunmehr Gouverneure auf Madeira ein, die freilich mit den mächtigen alten Familien und ihren Feudelvorstellungen nicht zurechtkamen. Es gab ständig Unruhen, die Gouverneure wurden häufig ausgewechselt oder hielten sich von vornherein lieber in Lissabon auf. Erst mit José Silvestre Ribeiro (1848–52) erhielt die Insel einen Administrator, der für nachhaltige Veränderungen sorgte: so etwa für den Straßenbau (und obendrein für die erste Straßenbeleuchtung), für den Ausbau des Schulwesens, die Schaffung sozialer Einrichtungen – und die Förderung der Stickerei-Kunst.

Die zweite Hälfte des 19. Jahrhunderts begann ebenso katastrophal für die Insel wie die erste. Zu groß war die Konkurrenz ausländischer Waren, und zu stark machte sich der Verlust der einstigen Kolonie Brasilien bemerkbar, die sich 1822 für unabhängig erklärt hatte. Zudem vernichtete Mehltau 1852 nahezu 90 Prozent der Rebstöcke, was die Weinproduktion auf nur 60 000 Liter im Jahr sinken ließ. Damit war die Geschäftsgrundlage für die meisten der alteingesessenen Weinhandelskontore zerstört; lediglich 15 der 70 Madeira Shippers, die 1850 auf der Insel tätig gewesen waren, überstanden die nächsten fünf Jahre. Als wenn die wirtschaftlichen Einbrüche nicht genug gewesen wären, fielen 1850 10 000 Menschen einer Cholera-Epidemie zum Opfer. 1873 zerstörte die aus Amerika eingeschleppte Reblaus wiederum große Teile des Weinbestandes – diesmal auch in Frankreich und Spanien. Erst um 1900 konnte eine neue Höchstmarke im Export verzeichnet werden.

Die historischen Trachten der Inselbevölkerung – hier eine Atelieraufnahme von 1890 – werden heute von zahlreichen Folkloregruppen in Ehren gehalten. Sie sind ein fester Bestandteil der Volksfeste und anderer größerer Feierlichkeiten.

Der einzige Lichtblick beim Zusammenbruch des Weinhandels war die Entwicklung eines neuen Wirtschaftszweiges: Elizabeth – „Bella" – Phelps führte die Stickerei auf Madeira zwar entgegen hartnäckiger Legenden nicht ein, fand aber einen Weg, die traditionelle Handarbeit kommerziell zu nutzen. Es gelang ihr, die Damen des viktorianischen England auf die kunstvollen Stickereien der Blumeninsel aufmerksam zu machen. Nach ihrer Präsentation auf der berühmten Kristallpalast-Weltausstellung in London 1851 wurden die Bordados schnell zu einem gesuchten Luxusartikel.

Unterdessen trafen die ersten Touristen ein, Vorboten einer dritten, lukrativen Wirtschaftsentwicklung. Die zumeist hohen Herrschaften aus ganz Europa hofften, vielerlei Beschwerden und Krankheiten im madeirensischen Klima auszukurieren. Zu ihnen zählte u.a. keine Geringere als Elisabeth Amalie Eugenie, Kaiserin von Österreich und Königin von Ungarn, besser bekannt als „Sissi" (1837–89).

Auch sonst kam der Fremdenverkehr – vornehmlich von England ausgehend – langsam in Mode. Da die Insel auf mehreren großen Schiffahrtsrouten lag, ließ sie sich relativ leicht erreichen, und ein Winter im Atlantik mit dem gesamten Haushalt war oft billiger als allein die Heizkosten für ein großes viktorianisches Wohnhaus. Daß sich die Zahl der Hotels von gerade zwei im Jahr 1840 auf ganze sechs im Jahr 1885 erhöht hatte, machte wenig; die Besucher mieteten eben eine Quinta. Im 19. Jahrhundert gab es etwa 40 dieser Landsitze reicher Handelsherren allein in und um Funchal, die 1886 allerdings Konkurrenz bekamen: Auf einem zwei Kilometer westlich des Zentrums ins Meer ragenden Felsvorsprung, mit herrlichem Panorama auf Funchal und den weiten Ozean, begann der Schotte William Reid mit dem Bau seiner berühmten Luxusherberge. Das Reid's Palace Hotel, das ein gediegen-englisches Ambiente und die alten Traditionen – Dress-Code inklusive – bis heute hochhält, ist schlichtweg eine Institution. Es nennt eine stattliche Gästeliste internationaler Prominenz sein eigen und darf noch immer getrost als eines der besten Hotels der Welt bezeichnet werden.

Das Jahr 1910 brachte das Ende der konstitutionellen Monarchie in Portugal, als am 5. Oktober die Republik ausgerufen wurde. Madeira erhielt im Rahmen der neuen Verfassung weitgehende Selbstbestimmungsrechte. Mit den demokratischeren Verhältnissen hoben sich Sozial- und Bildungsstandard. Doch auch die Schrecken des Krieges trafen die Insel noch einmal, als Portugal 1916 auf Seiten der Alliierten in den Ersten Weltkrieg eintrat.

In den zwanziger Jahren, noch vor Ausbruch der Weltwirtschaftskrise, kollabierte die ohnehin labile Republik Portugal durch die Folgen sozialer Auseinandersetzungen und der verheerenden Haushaltssituation. Ein Militärputsch leitete 1926 eine 48 Jahre andauernde faschistische Diktatur ein. Die Verfassung wurde außer Kraft gesetzt, Parlament und Gewerkschaften wurden aufgelöst. Die Wirtschaft stagnierte, das Land geriet im internationalen Vergleich mehr und mehr ins Hintertreffen, und die Kluft zwischen Arm und Reich vergrößerte sich zusehends. 1932 kam es auf Madeira zur Hungerrevolte, die wie frühere niedergeschlagen wurde. In den Zweiten Weltkrieg war Portugal indes nicht involviert.

Der vermutlich meisterwähnte Besucher, der englische Premier Sir Winston Churchill, setzte 1949 das erste Mal seinen Fuß auf die Insel; er wurde Stammgast. 1960 wurde der Flughafen Porto Santo eröffnet, den man bereits mit den ersten Düsenmaschinen anflog und der unter anderem auch zum Auftanken bei Transatlantikflügen diente. Von hier nahm man das Boot nach Madeira, bis schließlich 1964 der Flughafen Santa

Das um 1900 entstandene Foto zeigt das ehemalige Hotel Monte Palace, das zu Beginn des 20. Jahrhunderts zu den besten Unterkünften Madeiras zählte. Nach Jahren der Verwahrlosung beherbergt sein Park nun seit Ende der achtziger Jahre die Jardims do Monte, eine schöne Gartenanlage.

Catarina auf der Hauptinsel fertiggestellt war. Die Vollbremsungen auf seiner kurzen Landebahn haben ihn berühmt-berüchtigt gemacht! Trotzdem war die Insel nun weitaus bequemer zu erreichen, und so entstanden, noch zu Zeiten des Diktators Salazar, einige Luxushotels. Aber erst nach der sogenannten „Nelkenrevolution", mit der das Militär 1974 Salazars Nachfolger Marcelo Caetano entmachtete und dem Regime in Portugal ein Ende setzte, nahm der Fremdenverkehr auf Madeira größere Ausmaße an – auch wenn den Urlaubern bei der Landung noch bis zum ersten Ausbau der Landebahn 1985 die Knie schlottern sollten.

Die Demokratie brachte weitreichende Veränderungen für Madeira: Es gab eine Vielzahl sozialer Reformen, und 1976 erhielt der Archipel eine innere Autonomie gegenüber dem Festland mit einer einem deutschen Bundesland vergleichbaren Eigenständigkeit. So mancher Auswanderer kehrte nun zurück, aber niemand weiß genau, wieviele Madeirenser fern der Heimat leben. Bereits im 16. Jahrhundert, als man den hiesigen Zuckerrohranbau einstellte, sahen viele Menschen keine Alternative zur Emigration. Und allein in den Jahren der Diktatur von 1955 bis 1974 zogen über 75 000 fort, vor allem nach Südafrika, Venezuela und Brasilien. Wirtschaftlich tut sich die Insel auch mit ihrem gegenwärtigen Hauptausfuhrprodukt, kleinen fruchtigen Bananen, in der EU schwer; sie können mit dem grün gepflückten Übersee-Angebot nicht mithalten.

Natürlich leben die Menschen heute besser als vor 20 Jahren; sie haben im Gegensatz zu früher eine relativ bürgernahe Verwaltung und als größten Bonus – heute wichtiger denn je – eine einzigartige Natur, die in ihrer Beschaffenheit keine Konkurrenz fürchten muß. Nur bewirkt der Tourismus allein, der sich mit rund 25 000 Betten ohnehin in Grenzen hält, keine Wunder und versetzt auch keine Berge (zum Glück, was wäre Madeira ohne sie?), und die Region mit ihren knapp 280 000 Einwohnern blickt in eine ungewisse Zukunft. Wer den Blick über die paradiesische Landschaft schweifen läßt, mag kaum glauben, daß die Insel mit ihren über 330 Bewohnern pro Quadratkilometer fast eineinhalb mal so dicht besiedelt ist wie das hochindustrialisierte Deutschland.

1986 wurde Portugal Mitglied der EG und gehört somit heute zur Europäischen Union. Auf Madeira verspricht man sich vor allem seit der Öffnung des europäischen Binnenmarkts (1993) und den einhergehenden Agrarsubventionen bessere Chancen, die Wirtschaft der Insel ausgewogen entwickeln zu können. Sicher ist neben der Modernisierung und Erweiterung des Straßennetzes nur eines: Der immer noch spektakuläre An- und Abflug gehört auf ewig der Vergangenheit an, wenn 1999 der nochmalige Ausbau der Flughafen-Runway abgeschlossen sein wird.

Den Azulejos, der für Portugal so typischen, traditionsreich-verspielten Wanddekoration, begegnet man auch auf Madeira auf Schritt und Tritt. Einige der blau-weißen Fliesenbilder in der Handelskammer von Funchal sind eigens den Transportmitteln der Vergangenheit gewidmet. So war der Ochsenschlitten, der erst vor wenig mehr als 20 Jahren dem zunehmenden Autoverkehr zum Opfer fiel, früher aus den Straßen der Inselmetropole nicht wegzudenken.

Afonso Costa

Knapp 90 Prozent aller Madeira-Besucher verbringen ihren Urlaub hier: in der Haupt- und Universitätsstadt, die mit ihren 120 000 Einwohnern (inklusive der Vororte) auch das größte Ballungszentrum bildet. Wen wundert's: In Funchal konzentrieren sich nicht nur die Wirtschaft, der Handel und das Finanzwesen; die Inselmetropole ist auch Dreh- und Angelpunkt des Fremdenverkehrs. Trotz all ihrer modernen Annehmlichkeiten – Yachthafen und Spielcasino dürfen natürlich nicht fehlen – und eines durchaus mondänen Flairs konnte die Stadt viel von ihrem kolonialen Charme bewahren. Davon zeugen etliche Museen und Stadtpaläste, Kirchen und Klöster und nicht zuletzt prächtige Herrenhäuser inmitten subtropischer Park- und Gartenanlagen. Daß pulsierendes Leben und mitunter Hektik das Stadtbild bestimmen, versteht sich von selbst. Auf den Märkten und in den Einkaufsstraßen herrscht ebenso rege Betriebsamkeit wie rund um den Hafen, und die sonnigen Straßencafés des Tages werden bei Anbruch der Nacht von urigen Altstadtpinten oder der jeweiligen In-Disco abgelöst.

Die Entwicklungsgeschichte Funchals ist nahezu deckungsgleich mit der Madeiras. Die Inselentdecker, allen voran João Gonçalves Zarco, stießen in der heutigen Hafenbucht zum einen auf reichlich Buschwald, zum anderen auf üppigen Bewuchs mit wildem Fenchel (portugiesisch „funcho"), der der Stadt zu ihrem Namen verhalf. Buschwald und Fenchel fielen den Flammen der außer Kontrolle geratenen Brandrodung zum Opfer. Die Insel wurde größtenteils unbewohnbar, und Zarco mußte zunächst mit der benachbarten Bucht von Câmara de Lobos vorliebnehmen. Volle sechs Jahre vergingen, bevor er seinen Sitz nach Funchal verlegen konnte, um von dort aus die ihm als Erblehen von der portugiesischen Krone zugeteilte Inselhälfte zu verwalten. 1497 wurden dann die beiden Lehensgebiete Madeiras – Machico und Funchal – durch Manuel I. vereint, und Funchal zur alleinigen Hauptstadt. Durch ihre Lage an den Handelsrouten der Welt nahmen die Insel und ihre Hauptstadt einen märchenhaften Aufschwung, auch wenn er

zwischenzeitlich durch Krisen unterbrochen wurde. Als der Zuckerrohranbau schon nach einem halben Jahrhundert auf Madeira nicht mehr florierte, wurde das „weiße Gold" zur reinen Handelsware, bevor sich die Madeirenser ganz auf den gewinnträchtigen Anbau und Export von Wein verlegten. Erst nachdem dies Geschäft Ende des 19. Jahrhunderts zunächst durch Mehltau und später durch die Reblaus schwersten Schaden genommen hatte, war die Zeit für einen neuen, nicht unerheblichen Wirtschaftsfaktor gekommen: Der Tourismus hielt Einzug. Der Großteil der englischen Weinhändler, der die Insel wohl oder übel verlassen mußte, hinterließ schöne Herrenhäuser und Landsitze. Man begann, wohlhabenden Ausländern diese Unterkünfte als Feriendomizile zu vermieten, die – wo sonst – in der Hauptstadt und ihrer Umgebung lagen.

Funchal erhebt sich über der ausgedehnten Hafenbucht im Süden Madeiras; vom Meer aus steigt die Stadt auf den umgebenden Hängen wie ein Amphitheater an. Die ungewöhnliche Topographie prägt den Charakter der attraktiven Kapitale, der man ihre Vergangenheit als Zentrum des atlantischen Handels auf Schritt und Tritt anmerkt. Wer Funchal erkunden möchte, sollte dies übrigens wörtlich nehmen: Zu Fuß gehen ist meist die beste Methode. Eine Unmenge Einbahnstraßen, Steigungen bis zu 20 Prozent (mit dem unvermeidlichen, vorankriechenden Lastwagen) und die Verkehrsdichte als solche können das Autofahren zum Geduldspiel werden lassen. Nichtsdestotrotz: In Funchal blüht das vielfältige Wirtschaftsleben Seite an Seite mit einer unglaublichen Fülle von Blumen, Büschen und Bäumen. Zusammen mit den Relikten einer wechselhaften Geschichte ergibt dies eine fesselnde Mischung, die kleinere Mühen leicht vergessen läßt.

Beginnen Sie Ihren Rundgang im Zentrum bei der Kathedrale (Sé), die nach Fertigstellung um 1515 lange das wichtigste Gotteshaus in den überseeischen Besitzungen Portugals war. Die Sé war die Bischofskirche und somit zeitweise der Mittelpunkt der größten Diözese der Welt, da sie alle portugiesischen Kolonien umfaßte. Die früher weltumspannenden Verbindungen finden im Inneren eindrucksvollen Widerhall – mit der aus Madeira-Zeder gefertigten Decke im Mudejar-Stil, Elfenbein-Intarsien und flämischen Tafelbildern.

Ein Stahlstich von 1863, auf dem die heutige Innenstadt Funchals mit dem Fischerviertel zu sehen ist, verdeutlicht das enorme Wachstum der Stadt bis auf den heutigen Tag. Gut zu erkennen sind die terrassierten Hänge, die nunmehr mit Landsitzen und Wohnvierteln übersät sind.

Elemente der Manuelinik, dieses nur in Portugal anzutreffenden, verspielt wirkenden Dekorstils aus der Zeit der Spätgotik, finden sich am Nordportal der Alfândega Velha, des alten Zollhauses von anno 1477. Die Südseite des Gebäudes grenzt an die Avenida do Mar, die Uferpromenade. Diese und der Cais, der alte Anlegekai der Kreuzfahrtschiffe, sind heute die Flaniermeilen Funchals. Den vorgelagerten Hafen, der natürlich nicht mehr der Brückenkopf für Großsegler nach Indien oder Südamerika ist und daher etwas überdimensioniert wirkt, teilen sich Versorgungsschiffe und Fischerboote mit der Fähre zur Nachbarinsel Porto Santo, und gelegentlich sind auch Kreuzfahrtschiffe zu Gast, die vor allem zum berühmten Silvesterfeuerwerk einlaufen. Die Marina, der Yachthafen, ist zweifellos das Juwel des Hafens.

Nördlich erblickt man die Fortaleza de São Lourenço. Sie liegt zwischen der Uferpromenade und der Avenida Arriaga, die vom Portal der Sé aus nach Westen führt. Einige Bilder und Dokumente im Inneren der Nordbastion veranschaulichen die Geschichte des Forts, das Manuel I. 1513 zum Schutz der Zuckersegler vor Piraten errichten ließ. Leider ist der übrige Teil der Festung nicht zu besichtigen. In ihr arbeitet heute eine Militärbehörde; außerdem steht sie noch als Amtssitz dem Minister der Republik (der in der Autonomen Region Madeira die Lissabonner Zentralmacht vertritt) zur Verfügung. Die Umbauten, bei denen das dominante, dreistöckige Gebäude entstand, erfolgten – wie bei der Alfândega Velha – im 18. Jahrhundert. Auch die beiden anderen Forts von Funchal sind nicht für Besucher geöffnet. Ebenfalls an der von Jakarandabäumen gesäumten Avenida Arriaga befinden sich der Stadtgarten (Jardim Municipal), die mit Stuckdekor und Azulejos geschmückte Handelskammer und das Stadttheater (Teatro Municipal).

Erholung im Grünen verspricht nicht nur der kleine Stadtgarten. Wer die Avenida Arriaga noch ein Stück weiter hinuntergeht, findet an ihrer Fortsetzung, der Avenida do Infante, zur Rechten die Parkanlage Dona Amélia und zur Linken den ausgedehnten Hauptpark Funchals, den Parque de Santa Catarina. Vor dessen Eingang, am Praça do Infante, sitzt unter einem freistehenden Spitzbogen der portugiesische Infant Heinrich der Seefahrer (1394–1460). Im Inneren der Grünanlage, in der sich weite Rasenflächen mit exotischen Baumgruppen und farbenprächtigen Blüteninseln abwechseln, tauchen neben der namensgebenden Capela de Santa Catarina (1425) weitere Statuen und ein phantasievoll angelegter Kinderspielplatz auf.

Von den höher gelegenen Wohnvierteln im Norden Funchals blickt man über die Kathedrale im Stadtzentrum hinweg auf den vorgelagerten Hafen, wo regelmäßig auch Kreuzfahrtschiffe anlegen.

Über das westlich angrenzende, von dem berühmten brasilianischen Architekten Oscar Niemeyer entworfene Ensemble aus Casino, Kongreßzentrum und Hotel wurde viel und heftig diskutiert. Interessant sind das Bauwerk und sein Schöpfer aber allemal. Der Le Corbusier-Schüler und Erbauer Brasilias entwickelte einen neuen, weit ausgreifenden Stil mit imposant geschwungenen Linien. Aus der Silhouette Funchals ist der Komplex längst nicht mehr wegzudenken, und nicht wenige empfinden ihn als Wohltat verglichen mit den Hochhaus-Ungetümen jüngerer Jahre.

Quer zur Avenida Arriaga und seitlich an der Festung São Lourenço entlang zieht sich die Avenida Zarco vom Hafen zur Innenstadt hoch. Und mitten auf der Kreuzung steht sein Denkmal: Zarco, im weiten Mantel, den Blick auf das Meer gerichtet.

Ein paar Schritte vom Tourismusbüro (Avenida Zarco Nr. 18) entfernt stößt man auf das Gebäude der Madeira Wine Company, das auch ein eigenes Museum beherbergt. Im Rahmen der zweimal täglich stattfindenden Führungen können ferner die modernen Abfüllanlagen, die Küferei und das riesige, schummerige Faßlager im Obergeschoß bestaunt werden. Probieren und kaufen ist selbstverständlich ebenfalls möglich.

Eindrücke ganz anderer Art vermittelt das Museum Vicentes. Was seit Beginn der 80er Jahre ein Museum der Fotografie ist, wurde 1865 als erstes Fotostudio Portugals eröffnet. Der Gründer, Vicente Gomes da Silva, hatte außerordentlichen Erfolg mit der kommerziellen Nutzung der sich rasch entwickelnden neuen Bildsprache; sogar „Sissi" ließ sich von ihm fotografieren. Heute werden hier nicht nur alte Fotos, sondern auch die historischen Apparate, Kulissen und Möbel ausgestellt, wobei das Herzstück fraglos der Bestand von gut 380 000 Negativen ist. Der schattige Patio vor dem Museum ist schließlich mit seinem Café auch ein beliebter Treffpunkt zwischen der Avenida Zarco und der Praça do Municipio (Rathausplatz).

Am Rathausplatz mit seinem schwarzweißen Meereswellen-Pflaster hat die Konzentration weltlicher und geistlicher Macht ihre Spuren hinterlassen: An der nordöstlichen Stirnseite steht das nach 1758 errichtete Rathaus, die Câmara Municipal. Bevor 1868 der Stadtrat einzog, war der Barockpalast die Stadtresidenz des Grafen Carvalhal, der zu seiner Zeit der reichste Mann Madeiras gewesen sein dürfte. Der Kontrast von schmucklosen weißen Fassaden und Fenstereinfassungen aus dunklem Tuffstein ist keine Seltenheit, sondern charakteristisch für den madeirensischen Baustil.

Im Nordwesten Funchals thront die Fortaleza do Pico. In der im 16. Jahrhundert aus mächtigen Basaltsteinen errichteten Festung ist heute eine Militärstation untergebracht.

Das dominante Gebäude am Rathausplatz ist das Jesuitenkolleg, seit 1975 Sitz der neugegründeten Universität. Die Igreja do Colégio São João Evangelista ist etwa 150 Jahre älter als das Rathaus, weist aber stilistisch ähnliche Merkmale auf. Die vier Statuen in den Nischen der Frontseite stellen Heilige dar, die der Gesellschaft Jesu angehörten – darunter der Gründer Ignatius von Loyola (1491–1556); im Giebelfeld erscheint das Stadtwappen Funchals mit den fünf Zuckerhüten. Und auch der Innenraum mit seinen Azulejos, Gemälden der flämischen Schule des 15./16. Jahrhunderts und vergoldetem Holzschnitzwerk kann sich sehen lassen.
Bleibt noch der Bischofspalast (18. Jahrhundert) gegenüber der Jesuitenkirche, der das Diözesanmuseum für Sakralkunst (Museu Diocesano de Arte Sacra) beherbergt.

Wer von der Alfândega Velha, dem historischen Zollhaus, aus in östlicher Richtung wieder die Avenida do Mar hinuntergeht, überquert kurz nacheinander zwei der drei im 19. Jahrhundert ausbetonierten kleinen Flußläufe, die in Funchal ins Meer münden. Typisch Madeira: Die begradigten Betonrinnen verschwinden fast völlig unter Bougainvilleen. Auf der Ostseite des zweiten Flüßchens liegt – drei Parallelstraßen oberhalb der Promenade – der Mercado dos Lavradores (Markt der Arbeiter), 1941 erbaut. Er bietet besonders an Freitagen und Samstagen ein echtes Erlebnis für alle, die das farbenfrohe Durcheinander geschäftiger Märkte lieben. Kachelbilder schmücken den Haupteingang der Halle, deren zweigeschossige Arkaden einen offenen Innenhof umgeben. Im Eingangsbereich werden Blumen von in inseltypischer Tracht gekleideten Verkäuferinnen feilgeboten.
Wieder zurück am Meer führt die Avenida do Mar um den zentralen Busbahnhof herum und mündet in eine Fußgängerzone. Das Altstadtviertel, das hier beginnt, ist mit seinen Fischerkneipen, Restaurants (oft mit Gartenterrassen), Cafés, Bars und Diskotheken nicht nur eine allabendliche Attraktion. Direkt südlich befindet sich die Fortaleza de São Tiago. Die alte Hafenfestung mit Schießscharten in ihren dicken, ockerfarbenen Mauern und rundüberkuppelten Türmchen stammt im Kern aus dem Jahr 1614 und erinnert an die Zeiten der Piraterie. Von hier aus führt ein kleiner Weg hinunter zur öffentlichen Badeanlage Barreirinha, der ein Kieselstrand mit einigen Fischerbooten und -buden angeschlossen ist. Wie auch die größere Anlage der Lido-Meeresschwimmbäder – zu Füßen des

Die Praça do Município im historischen Zentrum Funchals wird von drei Bauwerken aus der Barockzeit umrahmt: dem hier abgebildeten Rathaus, dem alten Bischofspalast und – als dominantestes Gebäude – dem einstigen Jesuitenkolleg.

modernen Hotelviertels im Westen – ist sie den Hauptstädtern ein kleiner Ausgleich dafür, daß sie ebensowenig über einen richtigen Sandstrand verfügen wie der Rest der Insel.

Während sich die Steigungen beim Besuch der bisher beschriebenen Sehenswürdigkeiten noch in Grenzen hielten, wird es nun ernst, denn schließlich hat auch die Oberstadt einiges zu bieten. Der Palácio São Pedro in der Rua Mouraria beherbergt seit 1933 das Naturkundliche Museum, das Museu Municipal. Im Erdgeschoß kann man in diversen Aquarien die Meerestiere des Madeira-Archipels betrachten; im ersten Stock sind neben zeitgenössischer Malerei Sammlungen zur Geologie, Flora, Fauna und zur Inselgeschichte untergebracht. Ebenfalls hier Platz gefunden haben das Bezirksarchiv für lokale Geschichte und eine ehrwürdige Bibliothek mit gut 30 000 Bänden. Sehenswert ist der Stadtpalast indes nicht nur des Museums wegen: Er gilt als eines der schönsten noch erhaltenen Wohnhäuser des späten 18. Jahrhunderts.

Die Calçada Santa Clara führt am Palácio vorbei hinauf zum Convento de Santa Clara. Glaubt man der Überlieferung, so stifteten die Enkelinnen Zarcos dieses Kloster. Der Baubeginn datiert auf das Jahr 1492; der manuelinische Einfluß an den Arkaden des Klostergangs und am prächtigen Nordportal ist unverkennbar. Wer die Klosterkirche betritt, erlebt einen im Barockstil ausgestatteten, ungewöhnlich faszinierenden Kirchenraum. Die blau-weiß-gelben Azulejos, die sämtliche Wände überziehen, geben der Kirche einen fast orientalischen Charakter und zählen zu den wertvollsten ihrer Art in ganz Portugal. Der manuelinischen Ära entstammt wiederum die Grabstätte von Zarcos Sohn. Unter dem Hochchor liegen weitere Grabstätten: Zarco selbst, Familienangehörige sowie frühe Gouverneure der Insel wurden hier beigesetzt. Anlaß für die im späten 16./17. Jahrhundert durchgeführten Baumaßnahmen könnten die Verwüstungen durch den Korsarenüberfall anno 1566 sein. Die Nonnen von Santa Clara zogen sich während dieser Zeit in ein unzugängliches Tal im Inselinneren zurück, das bereits seit der Gründung zum Klosterbesitz gehörte. Jenes Tal – Curral das Freiras (Nonnenstall) – mitsamt dem fast 800 Meter höher gelegenen Aussichtspunkt Eira do Serrado – lohnt unbedingt einen Besuch!

Ein wenig oberhalb des Klosterkonvents wird man noch einmal mit Zarco konfrontiert und erlebt außerdem einen Höhepunkt des Stadtrundgangs. Das prächtige barocke Herrenhaus Quinta das Cruzes geht angeblich auf die ehemalige Residenz des Inselentdeckers aus dem 15. Jahrhundert zurück. Heute ist das Haus aus der zweiten Hälfte des 19. Jahrhunderts staatliches Museum. Ausgestellt sind Kunst und Kunsthandwerk, die den Lebensstandard und die Wohnkultur der Oberschicht im 17. bis 19. Jahrhundert dokumentieren. Paradestück des Anwesens ist jedoch sein Garten mit unzähligen Blumen und Pflanzen sowie einem kleinen archäologischen Park.

Zu den Ausflugszielen der nahen Umgebung gehört der Jardim Botânico, der 1960 in 300 Meter Höhe am nordöstlichen Stadtrand eröffnet wurde. Die Hoteliersfamilie Reid hatte hier oben ihr Landhaus, das den treffenden Namen „Bom Sucesso" trägt; „viel Erfolg" hatten die Reids ja in der Tat. 1952 erwarb die Stadt das Gelände mit üppigem altem Baumbestand und begann mit der Anlage des Botanischen Gartens, der nicht nur Kenner beglückt. Außer tropischen und subtropischen Pflanzen aus allen Teilen der Welt ist hier auch die einheimische Flora mit ihren unzähligen Zier- und Nutzpflanzen vertreten. Orchideen-Liebhabern sei ferner zu einem Besuch des benachbarten Jardim Orquídea geraten, der auf eine Privatinitiative hin entstand. In der alten Quinta brachten die Stadtväter das Naturgeschichtliche Museum unter, und vom gemütlichen Terrassen-Café sowie einer Reihe kleiner Aussichtsterrassen genießt man einen herrlichen Blick auf die Bucht von Funchal.

Für einen weiteren unvergeßlichen Blick über die Stadt nimmt man in der Regel den Bus zum sechs Kilometer entfernten Monte (Berg), 550 Meter über dem Meer. Wer zu Fuß hinaufsteigt, kommt schnell dahinter, was die Madeirenser veranlaßte, dem Höhenunterschied gleich mit zwei kuriosen Verkehrsmitteln zu Leibe zu rücken. Für den Weg nach oben setzte man ab 1893 eine

Vicente Gomez da Silva eröffnete 1865 das erste Fotostudio Portugals in Funchal. Das nach ihm benannte Museum nennt neben historischen Apparaten, Kulissen und Möbeln einen Bestand von über 380 000 Bildern und Negativen sein eigen – eine fast lückenlose Zeitdokumentation des Madeirenser Lebens von über einem Jahrhundert! Zahnradbahn und Korbschlitten dienten um die Jahrhundertwende der Verbindung zwischen Funchal und Monte.

Montes Mittelpunkt bildet die Wallfahrtskirche Nossa Senhora do Monte. Das aufwendig gestaltete Gotteshaus mit barocker Doppelturmfassade ist Zentrum der Marienverehrung, die in der alljährlichen Prozession am 15. August ihren Höhepunkt findet. Unvorbereitet trifft man in der Kirche auf eine Grabkapelle, deren schmiedeeisernes Gitter das Doppeladler-Wappen trägt. Hier ruht Karl I., letzter Kaiser von Österreich und König von Ungarn und Böhmen. Nach dem Ersten Weltkrieg mußte er abdanken und lebte bis zu seinem Tod 1922 in Monte im Exil.
Von der Kirchenterrasse blickt man auf die berühmten Korbschlitten, jenes 1849 eingeführte Verkehrsmittel, das für den Weg nach unten – zurück nach Funchal – zuständig ist. Diese vergnügliche Rutschpartie, bei der zwei weißgekleidete Schlittenführer mit dem als „Kreissäge" bekannten Strohhut auf dem Kopf das Gefährt geschickt über das glatte Kopfsteinpflaster steuern, endet nahe der Altstadt. Ohne diesen auf der Welt wohl einmaligen „Tobogan ride" ist ein Besuch Funchals einfach nicht komplett.

Ein alljährlicher Höhepunkt im Feiertagskalender ist das Silvesterfeuerwerk in Funchal, mit dem man auf Madeira zugleich des Schutzpatrons der Insel gedenkt. Die prächtige Szenerie der gleißenden Lichter über der festlich beleuchteten Stadt ist weltberühmt.

Die Azulejo-Darstellung zeigt die beiden Verkehrsmittel, die Funchal um die Jahrhundertwende mit dem Villenvorort Monte verbanden. Die Zahnradbahn wurde im Kriegsjahr 1943 nach einer Kesselexplosion demontiert; die weltberühmte Rutschpartie den Berg hinunter zum nördlichen Stadtrand Livramento kann bis heute genossen werden.

Zahnradbahn ein, die Funchal mit dem oberhalb von Monte gelegenen Aussichtspunkt Terreiro da Luta verband. Die Fahrt wie auch die reizvolle Örtlichkeit wurden allseits gerühmt, und die kleine Gemeinde entwickelte sich seit der Jahrhundertwende zur mondänen Sommerfrische für den Geldadel, der stattliche Quintas und prächtige Gärten anlegen ließ. Den Einheimischen aber war ihre Bahn nach der Kesselexplosion von 1930 verleidet, und sie wurde 1943 demontiert.

Funchal, die Metropole Madeiras, steigt einem Amphitheater gleich von der weiten Hafenbucht im Süden der Insel die umgebenden grünen Hänge empor. Vom Stadtteil São Gonçalo blickt man gen Westen über das Zentrum und den Hafen hinweg auf das moderne Hotelviertel. Etwa 90 Prozent aller Madeira-Besucher verbringen ihren Urlaub hier, um dann von dem mit 120 000 Einwohnern größten Ballungsraum aus die Naturschönheiten des Eilandes zu erkunden.

Ein unvergeßliches Erlebnis ist der Besuch des Mercado dos Lavradores (Markt der Arbeiter) in Funchal, in dessen Halle es vor allem freitags und samstags geschäftig zugeht, wenn auch die Bauern aus dem Hinterland Funchals hier ihre Waren feilbieten. Besonders farbenfroh – und zudem liebevoll arrangiert – sind die Gemüse- und Obststände, die mit einer beeindruckenden Vielzahl exotischer Früchte aufwarten.

Das kulinarische Aushängeschild der Blumeninsel ist der Vinho da Madeira. Der Madeirawein hat wie Port oder Sherry eine jahrhundertealte Geschichte und darf – ein bestimmtes Alter und eine gewisse Qualität vorausgesetzt – als einer der besten Dessertweine der Welt bezeichnet werden. Einen guten Einblick in seine Historie und die Herstellungsmethoden gewinnt man bei einem Besuch der Madeira Wine Company unweit des Stadtgartens von Funchal. Während einer Führung sind neben den modernen Abfüllanlagen auch die Küferei, das angeschlossene Museum und nicht zuletzt ein altehrwürdiges, schummriges Faßlager zu besichtigen.

Im gesamten Talkessel von Curral das Freiras haben die Bauern zahllose winzige Terrassenfelder zum Anbau von Obst, Gemüse und Wein angelegt. Bekannt ist die Ortschaft aber auch für ihre Edelkastanien an den umliegenden Hängen und die damit verbundenen kulinarischen Spezialitäten – vom Kuchen bis hin zum Likör.

„Aqui pintou em 1950, Winston Churchill" ... ist auf einer Tafel am Ortseingang von Câmara de Lobos zu lesen – zur Erinnerung an den großen englischen Premier, der mehrfach seinen Urlaub hier verbrachte und das Fischerstädtchen in zahllosen Aquarellen verewigte. Gerade mal zehn Kilometer westlich von Funchal gelegen, ist Câmara de Lobos nicht nur einer der malerischsten, sondern auch ältesten Orte Madeiras, und er steht oft am Anfang von Touren entlang der Südküste.

Unter dem Inselentdecker Zarco, der erst einige Jahre später sein Hauptquartier nach Funchal verlegte, begann schon ab 1420 die Besiedlung. Lobo do Mar (Meerwolf) lautet der portugiesische Name der Mönchsrobben, die damals die Bucht bevölkerten. Daß Zarco die Örtlichkeit mit dem engen, durch Felszungen geschützten Naturhafen nach ihnen benannte, nutzte den Robben nichts; sie wurden über die Jahrhunderte fast ausgerottet. Angebaut hat man hingegen in der Umgebung des Ortes die ersten Kulturpflanzen der Insel. Der Bezirk vereinigt bis heute einige der besten Weinanbaugebiete auf sich und ist außerdem für den Aguardente de cana (Zuckerrohrschnaps) bekannt. In den Bars und Fischrestaurants am Hafen herrscht denn auch eine Menge Betrieb, ebenso auf den buntbemalten Holzbooten, wo es augenscheinlich immer etwas zu tun gibt: Reparaturen ausführen oder Karten spielen, je nach Laune. Wenn die Boote auslaufen, wird meist ein Nationalgericht der Madeirenser gefischt, der Peixe espada preto (Schwarzer Degenfisch), den man mit langen Angeln aus der Tiefe holt. Câmara de Lobos besitzt einen der wichtigsten Häfen der Insel, obgleich sich dieser nicht für größere Schiffe eignet und der Fischfang als solcher nicht viel einbringt. Dennoch zählt der Ort inzwischen gut 15 000 Einwohner. In der pittoresk verwinkelten Altstadt stehen die Häuser dicht an dicht. Der alte Kern hat eine einzigartige Atmosphäre, obwohl er bestimmt keine ungetrübte Idylle ist. Die Bevölkerung ist arm; Frauen, die mit Stickereiarbeiten den Lebensunterhalt ihrer Familien verbessern, gehören ebenso zum Erscheinungsbild wie hier und da ein bettelndes Kind. Die EU-Subventionen greifen nur langsam, und so recht helfen können auch weder Staat noch Kirche. Von deren einstiger Macht und Einflußnahme zeugen zwei Gotteshäuser: die um 1420 errichtete Fischerkapelle Nossa Senhora da Conceição mit goldverziertem Altar und Ölgemälden sowie die Pfarrkirche São Sebastião von 1430. Ihre barocken Stilelemente – so die azulejo-gefliesten Wände und Schnitzaltäre mit Blattgold – erhielt sie erst rund 300 Jahre später.

In den Fischerdörfern Madeiras geht das Leben einen gemächlich-trägen Gang. Neben der eigentlichen Tätigkeit, die mitunter ohnehin nur noch nebenberufliche Formen annimmt, bleibt allemal Zeit für ein Schwätzchen oder das Kartenspiel.

Weiter in Richtung Westen führt die alte, kurvenreiche Hauptstraße zunächst durch Weinlagen, die sich an den sonnigen Südhängen bis Estreito de Câmara de Lobos hinaufziehen. Sonntags, beim Bauernmarkt, erwacht der verschlafene Ort zum Leben – und natürlich während der großen Weinlese im September. Die Straße steigt weiter in Serpentinen an, bis sie nach wenigen Kilometern und einer Abzweigung ihren Höhepunkt erreicht: das Cabo Girão. Vom Aussichtspunkt der zweithöchsten Steilklippe der Welt können Schwindelfreie 580 Meter senkrecht in die Tiefe blicken; sehenswert sind hier aber auch die winzigen, in die Felsküste über dem Abgrund eingelassenen Terrassenfelder.

Noch ein Blick zurück auf Funchal; dann geht es auf der alten Straße wieder kurvenreich hinab nach Ribeira Brava direkt westlich des spektakulären Kaps. Der Name „wilder Bach" soll angeblich dem großen Zarco selbst eingefallen sein. Etwa um 1440 begann das Geschäft mit dem Zuckerrohranbau, das den Ort eine Zeitlang zu

Die Südküste ist der am stärksten besiedelte Teil der Insel, da sich dort auch das Gros der landwirtschaftlich nutzbaren Anbauflächen befindet. Selbst bei erheblichen Höhenunterschieden, wie im nahen Umfeld des Steilfelsens Cabo Girão, wird kaum ein Quadratmeter verschenkt (unten).

einer der reichsten Gemeinden Madeiras machte. Heute sind Bananen und andere Obstplantagen an seine Stelle getreten. Ribeira Brava ist ein lebendiges Küstenstädtchen, mit dem es der Wettergott fast immer gut meint. Die Straßencafés und Restaurants, die zu seinem Reiz beitragen, sind keinesfalls nur mit dem aufkommenden Fremdenverkehr entstanden. Der Ort ist vielmehr ein wichtiger Knotenpunkt in dem wahrlich nicht dichten Straßennetz Madeiras; hier endet die unlängst freigegebene, neue Schnellstraße aus Funchal, und hier beginnt die für viele schönste Nord-Süd-Verbindung der Insel, die durch die immergrüne Bergwelt der Serra de Água und über den Encumeada-Paß nach São Vicente an der Nordküste führt. In Ribeira Brava selbst sind das Rathaus, ein ehemaliger Herrensitz des 18. Jahrhunderts, und die Pfarrkirche São Bento sehenswert: außen ein hübscher, mit blau-weißen Fliesen verkleideter Turm, innen ein aufwendiger Barockaltar. Einen Besuch lohnt auch die Markthalle nahe der Uferpromenade – der Steinstrand scheint allerdings nur für Fakire geeignet.

Über 50 Kilometer von Funchal aus sind zurückgelegt, wenn man in Calheta eintrifft, dem mit knapp 6000 Einwohnern größten Ort im wenig besuchten, wilden Südwesten Madeiras. Seine Geschichte ist ebenfalls eng mit der des Zuckerrohranbaus verknüpft. Bereits 1502 erhielt Calheta Stadt- und Zollrechte (das begehrte „weiße Gold" wurde nicht nur teuer verkauft, sondern auf seinen Export auch noch Zoll erhoben). Eine der Zuckermühlen ist noch in Betrieb und destilliert auch den lokalen Bedarf an Aguardente; auf die Ruinen einer zweiten stößt man in der Nähe des Kieselstrandes. Mit der Pfarrkirche aus dem Jahr 1430 trifft man in Calheta auf eines der bedeutendsten Baudenkmäler Madeiras. Ihre prächtige, oktogonale Holzdecke über dem Chorraum stammt aus der manuelinischen Epoche, ebenso wie das Allerheiligste aus Silber und Ebenholz.

In einer schier endlosen Schlangenlinie, die ab und zu den Blick freigibt auf die kleinen Fischerdörfer Paúl do Mar und Jardim do Mar mit ihren Bananenplantagen, führt die Route zur Westspitze bei Ponta do Pargo. Wer zum Wandern kommt, findet im Umfeld von Prazeres und Raposeira wunderschöne Levadawege in der Einsamkeit.

Beim Küstenstädtchen Ribeira Brava beginnt die für viele schönste Nord-Süd-Verbindung, die durch die immergrüne Bergwelt der Serra de Água und über den Encumeada-Paß nach São Vicente an der Nordküste führt. Daß man auf der verhältnismäßig kurzen Fahrtstrecke verschiedene Landschaften und Klimazonen mit durchaus wechselhaften Wetterverhältnissen durchquert, läßt die Wolkenbank über den Berghängen bereits erahnen.

Da geht es im Südosten der Insel doch etwas lebhafter zu, was nicht überrascht: Schon aufgrund der kurzen Entfernung zum Flughafen existieren dort immerhin zwei kleine touristische Zentren, die einzigen neben Funchal, die man als solche bezeichnen kann. Etwa zehn Kilometer sind es von der Hauptstadt nach Caniço. Weinberge, Bananenplantagen und Zwiebelfelder umgeben das gemütliche 8000-Einwohner-Städtchen, das wie viele andere der Insel im frühen 15. Jahrhundert gegründet wurde

Seit der Mitte des 19. Jahrhunderts, als die Tochter eines englischen Weinhändlers Elizabeth Phelps die ersten Madeira-Stickereien in das viktorianische England exportieren ließ, entwickelten sich die Bordados zu einem begehrten Souvenirartikel. Heute beschäftigen die Manufakturen gut 30 000 Arbeitskräfte. Die Arbeit wird fast ausschließlich von Frauen in Heimarbeit verrichtet.

und dessen Name sich von dem hier einst wachsenden Schilfrohr ableitet. Rund um die Pfarrkirche liegt das Zentrum, das mit altem Marktplatz, urigen Kneipen und kleinen Lebensmittellädchen seine beschauliche Atmosphäre bewahrt hat. In Caniço de Baixo, 2,5 Kilometer unterhalb des Ortes an der Küste gelegen, läßt sich der Fremdenverkehr indes nicht mehr verleugnen. Die Feriensiedlung ist fest in deutscher Hand; seit es dort eine „Cervejaria Alemã“ (deutsches Bierhaus) gibt, stürzen sich aber vor allem Portugiesen auf Eisbein und Sauerkraut. Anziehungspunkte sind nicht nur Meerwasserschwimmbäder am Fuße schwarzer Lavaformationen, sondern besonders die in den achtziger Jahren geschaffene, etwa sechs Kilometer lange Unterwasserschutzzone zum Erhalt der Meeresflora und -fauna, die ein Tauchrevier par excellence darstellt.

Auf der Küstenstraße in nordöstlicher Richtung passiert man Santa Cruz und den Flughafen, um – wenige Kilometer vom Rollfeld entfernt – nach Machico zu gelangen. In dem mit 20 000 Einwohnern zweitgrößten Ort Madeiras mischen sich Historie und Histörchen. Manch einer will die

Die kleine Ansiedlung Ribeiro Frio ist zum einen für ihre Forellenzuchtanlage an dem gleichnamigen Flüßchen bekannt, zum anderen finden sich hier herrliche Wanderwege (unten).

Die ärmere Landbevölkerung lebte noch bis Mitte des 20. Jahrhunderts in kleinen strohgedeckten Häuschen, den Casas de colmo. Sofern sie nicht abgerissen wurden, dienen diese Unterkünfte heute oft als Kuhstall – wie hier in Machico.

Namensgebung der Kleinstadt einem gewissen Robert Machim zuschreiben. Angeblich sei dieser englische Ritter, verbotener Liebe halber mit dem Boot auf der Flucht, per Zufall 1346 als erster hier gestrandet … Tatsache ist, daß erst mit der Landung von Zarco und Teixeira die Geschichtsschreibung auf dem Archipel begann. Von Porto Santo kommend, liefen die beiden 1419 in die heute Baía de Zarco genannte Bucht von Machico ein, um Madeira in Besitz zu nehmen. Von hier aus wurde die östliche Inselhälfte regiert, bis man 1497 die Gleichberechtigung mit und an Funchal verlor. Das Städtchen wäre sicher mehr und mehr in Vergessenheit geraten, hätte es nicht durch den Tourismus an Bedeutung gewonnen. Und die Urlauber wissen nicht nur die sonnigen Gartenlokale und das Wassersport-Angebot zu schätzen, sondern auch die eine oder andere historische Sehenswürdigkeit – gepaart mit etwas Aberglauben, der hier seit jeher variantenreich gepflegt wird.

Der Machico-Fluß teilt den Ort in das eigentliche Zentrum am Westufer und das über eine Brücke zu erreichende Fischerviertel auf der anderen Seite. Im Mittelpunkt des dortigen Interesses steht der Largo dos Milagres (Platz der Wunder) mit der gleichnamigen Kapelle, die vermutlich schon 1425 in Auftrag gegeben wurde. Das Besondere ist neben ihrer Geschichte eine hölzerne, durch das Hochwasser von 1803 verloren geglaubte und plötzlich wieder aufgetauchte Christusstatue, der man Wundertätigkeit nachsagt. Alljährlich am 8. Oktober findet ihr zu Ehren ein großes Fest statt.

Kunstinteressierte bevorzugen indes die Pfarrkirche Nossa Senhora da Conceição am Westufer des Flusses mit ihrem manuelinisch verzierten Hauptportal, bemalten Kassettendecken und mit Blattgold überzogenen Altären. Wenige Gehminuten entfernt, gleich oberhalb des Kieselstrandes, steht die Forte Nossa Senhora do Amparo, eine von drei Festungen, die Anfang des 18. Jahrhunderts errichtet wurden, um der Freibeuterei endgültig ein Ende zu bereiten. Von ihr überblickt man die halbkreisförmige Bucht bis hinüber zur gegenüberliegenden Landspitze, wo die zweite Festung (São João Baptista) wacht; die dritte fiel einem Hotelbau zum Opfer.

Noch einmal Kontrastprogramm verspricht die Fahrt durch das terrassierte Tal von Machico zur Ostspitze der Insel. Nach einer Tunneldurchfahrt scheint die Welt verändert: Die Landschaft wirkt wie ausgetrocknet; von dem für die Südküste so typischen Kulturland geschweige denn von Blumenpracht ist nichts mehr zu sehen. Urtümlich ist noch der Fischerort Caniçal, der sich einer Flotte hochseetauglicher Thunfischkutter rühmen kann. Geradezu gespenstisch präsentiert sich die kahle, felsige Ponta de São Lourenço, Madeiras Eastend. Bei klarem Wetter jedoch sucht der Blick zurück – sowohl auf die Südost- als auch auf die Nordostküste – seinesgleichen!

Von der Ortschaft Estreito de Câmara de Lobos schweift der Blick über Bananenplantagen und einige der besten Weinlagen der Insel zum Gemeindesitz Câmara de Lobos. Das nach der Mönchrobbe benannte, drittgrößte Küstenstädtchen besitzt einen der wichtigsten Häfen der Insel. Sein Ortsbild wirkt für Madeirenser Verhältnisse ungewöhnlich geschlossen und mit seinen verwinkelten Gassen durchaus pittoresk. Seitdem der Madeira-Liebhaber und Hobbymaler Sir Winston Churchill das große Fischerdorf in zahlreichen Bildern verewigte, gehört Câmara de Lobos zum Sightseeing-Pflichtprogramm; die überwiegend arme Bevölkerung freut sich über jeden Besucher, der ein lokales Restaurant aufsucht oder eine der handgearbeiteten Stickereien im Straßenverkauf ersteht.

Im Unterschied zu dem direkt an der Küste gelegenen Ortsteil Canixo de Baixo, der sich zu einem modernen Touristenzentrum mit vornehmlich deutschen Gästen entwickelt hat, scheint in dem landeinwärts gelegenen Städtchen Caniço die Zeit stehengeblieben. Sein Name leitet sich von dem Schilfrohr ab, das hier einst wuchs; heute kultiviert man Weinberge, Bananenplantagen und Zwiebelfelder. Hier findet der Besucher noch die traditionellen strohgedeckten Häuschen, die Casas de colmo.

Der kleine Ort Paúl do Mar – ein Zentrum des Bananenanbaus – liegt abseits des Fremdenverkehrs im fernen Südwesten der Insel. Allein die Abfahrt von der Panoramastraße hinunter zur schmalen Küstenebene ist ein Erlebnis – auf Serpentinen entlang steilen Hängen und durch mehrere Tunnel hindurch.

Die Ortschaft Canhuas, an der Panoramastraße der Südküste zwischen Ribeira Brava und Calheta gelegen, ist eine der vielen unbekannten Schönheiten Madeiras, die nicht zu den im Reiseführer empfohlenen Sehenswürdigkeiten zählen – und die sich nur den Besuchern erschließen, die die Insel auf eigene Faust entdecken.

Die eher felsig-kahle Ponta de São Lourenço im äußersten Osten Madeiras kann mit Farbenspielen aufwarten: Am Zipfel der schmalen, buchtenreichen Halbinsel – wo sich im übrigen der einzige kleine Sandstrand Madeiras befindet – kontrastieren Himmel und Meer mit schwarzen und rötlichen Felsen.

Madeiras Norden? Erst mal hinkommen! Die Südküste und ihr kühleres Pendant trennen Welten und oft auch Wolken.

An der steil abfallenden, zerklüfteten und rauhen Nordküste lernt man die Insel von einer ganz anderen Seite kennen. Sie bietet keine beschauliche Gartenatmosphäre, und Landwirtschaft in größerem Umfang gibt es nur an wenigen Stellen. Das Zauberwort hier lautet Natur, oft völlig unberührt und nicht selten entfesselt! Wege dorthin gibt es mehrere – mal mehr, mal weniger beschwerlich. Fast alle führen durch die abgeschiedene Bergwelt im Inselinneren, und jede Route hat ihren eigenen Reiz.

Um an die Nordwestspitze zu gelangen, fährt man von Funchal aus auf der neuen Schnellstraße der Südküste nach Ribeira Brava und weiter um Madeiras Westspitze herum – oder ab durch die Mitte, also steil bergauf. Man überquert das Hochmoor Paúl da Serra. Hier, in einer Höhe von 1400 bis 1500 Metern, befindet sich die einzige größere Verebnung der Insel. Wo Gräser und niedrige Heidekräuter wachsen, sammelt sich vor allem im Winter die Feuchtigkeit in den Senken zu Tümpeln und kleinen Seen. Bei schönem Wetter belohnen einige Aussichtspunkte mit einem Panorama der schroffen Gebirgszüge im Osten; ziehen hingegen Nebelbänke auf, dann erscheint die karge Landschaft voll eigenwilliger Melancholie.

Terrassierte Hänge mit Weinanbau und Felder in Meeresnähe, die mit dichten Zäunen aus trockener Baumheide gegen den Wind geschützt sind, säumen die Serpentinenstraße zum Küstenort Porto Moniz. Die mit 3500 Einwohnern größte Gemeinde der Region entstand Anfang des 16. Jahrhunderts, über 60 Jahre später als die meisten Siedlungen an der Süd- und Südostküste. Die Kolonisatoren stießen bei der Erschließung des Nordens offenbar auf größere Schwierigkeiten. Auf dem Landweg stand das Gebirge im Weg, viel zu aufwendig und zeitraubend für den Transport von Gütern. Und auf dem Seeweg ließ sich zunächst noch weniger erreichen, da es kaum eine Stelle gab, an der man hätte landen können. Einer solchen Ausnahme verdankt Porto Moniz seine Existenz. Der Ort liegt ein gutes Stück oberhalb des Meeresspiegels auf einer Landzunge, deren Lavafelsen den Schiffen einigermaßen Schutz boten. Diese Felsen bilden heute für Urlaubsgäste und Madeirenser einen speziellen Anziehungspunkt: Durch geschickt gezogene Betonsperren zwischen den Gesteinsformationen entstand ein Meerwasserschwimmbad, in dem man selbst bei kräftigem Seegang ein erfrischendes Bad nehmen kann. Hin und wieder schwappt die Brandung des Atlantiks über die Begrenzungsmauern – ein unbedingt empfehlenswerter Spaß.

Der Küstenabschnitt östlich von Porto Moniz bis São Vicente fällt oft nahezu senkrecht zum Meer hin ab, und über die Felsen stürzen zahlreiche kleine und größere Wasserfälle. Hier entlang hackten und sprengten Arbeiter in den fünfziger Jahren – teils in Körben von der Steilwand abgeseilt – eine der spektakulärsten Straßen. Begleitet von grandiosen Ausblicken und unterbrochen von tropfnassen Tunneln, windet sie sich in schwindelnder Höhe um die Felsnasen. Schiebedach schließen! Hinter dem Weinort Seixal gibt's eine Autowäsche gratis; ein Wasserfall ergießt sich über der Straße.

Kurz darauf erreicht man São Vicente. Der Ort mit seinen 6500 Einwohnern wurde wie Porto Moniz erst zu Beginn des 16. Jahrhunderts gegründet; interessant war das Tal

Von der Serpentinenstraße, über die man von der Hochebene Paúl da Serra zum Küstenort Porto Moniz im äußersten Nordwesten gelangt, überblickt man terrassierte Hänge mit Weinreben und Felder in Meeresnähe.

An der rauhen und wild zerklüfteten Nordküste mit ihren steil abfallenden, tropfnassen Berghängen lernt man die Insel von einer ganz anderen Seite kennen. Im Gegensatz zur Südküste findet man hier kein intensiv genutztes Kulturland, sondern Natur im Überfluß – oft völlig unberührt und nicht selten entfesselt (unten).

lange Zeit allein deshalb, weil man hier etwas Landwirtschaft betreiben konnte. Verglichen mit früher hat sich sein Charakter gründlich gewandelt. Über Jahrhunderte muß São Vicente den Besuchern tatsächlich wie ein Ort am Ende der Welt erschienen sein und so ähnlich auch ausgesehen haben – bis nach der Nelkenrevolution 1974. Eine umfassende Restaurierung mit staatlichen Mitteln und später auch EU-Geldern verwandelte das unauffällige Mauerblümchen in eine Schönheit. Am Ufer mit dunklem Kieselstrand und in der landeinwärts gelegenen, herausgeputzten Altstadt laden nun gemütliche Cafés und Restaurants zum Verweilen ein. Und nachdem das „alindamento", die Verschönerung, einmal richtig in Schwung gekommen war, erhielt São Vicente 1990 obendrein einen Garten am Ortsrand, der einen guten Überblick über die einheimische Küstenvegetation gibt. Über 300 Jahre älter und unbedingt sehenswert ist die barocke Pfarrkirche; die Azulejo-Dekors an den Wänden sind für diese Epoche ebenso charakteristisch wie die Talha dourada, die reich mit Blattgold überzogenen Holzschnitzereien im Altarraum, und die farbige Bemalung der Holzdecken.

São Vicente ist zudem der nördliche Knotenpunkt der schnellsten und – wie viele meinen auch schönsten – Nord-Ost-Verbindung. Von Ribeira Brava an der Südküste folgt man dem gleichnamigen Fluß durch ein tief eingeschnittenes Tal in die üppiggrüne Serra de Água. Am Boca da Encumeada überquert man einen 1007 Meter hoch gelegenen Gebirgsübergang, der bei entsprechenden Wetterverhältnissen herrliche Aussichten auf die Süd- wie die Nordküste gewährt. Häufig taucht man an der Paßhöhe aber auch in die Wolkendecke ein und fährt dann tauschwere, schier dampfende Berghänge wieder hinab, die an Regenwälder erinnern.

Das Hochmoor Paúl da Serra, zwischen 1400 und 1500 Meter Höhe im westlichen Inselinneren gelegen, ist die einzige größere Ebene Madeiras. Ihr Bild wird von Gräsern, niedrigen Heidekräutern, Tümpeln und Seen sowie halbwilden Schafen bestimmt. Nicht selten hüllen Nebelbänke diese karge Landschaft ein und unterstreichen somit ihre eigenwillige Melancholie.

Wenige Kilometer östlich von São Vicente liegt der Ort Ponta Delgada, der jeden September Schauplatz einer der ungewöhnlichsten Wallfahrten ist: Die Christusverehrung konzentriert sich hier augenscheinlich auf ein Stück verkohltes Holz, den Rest eines Kruzifixes, der als einziger den Brand von 1908 in der Gründungskapelle aus dem 15. Jahrhundert überstand. Auf das benachbarte Boaventura, in ein winziges Tal zwischen Gemüse- und Obstplantagen sowie auffallend viele Kopfweiden eingebettet, folgt das ursprüngliche Dorf São Jorge an der Nordostspitze, das neben einer der kunsthistorisch wertvollsten Kirchen auch zahlreiche Casas de colmo sein eigen nennt. Für jene kleinen, strohgedeckten Häuschen, die inzwischen zu einem Wahrzeichen Madeiras avancierten, wurde indes vor allem Santana bekannt. Das freundliche Dorf findet sich hoch über der schroffen Küste auf einem überraschend weitläufigen Plateau mit terrassierten Feldern und wiederum vielen Kopfweiden. Einige der „Santana-Häuschen" sind bis zum heutigen Tag bewohnt, andere wurden in der Nähe des Rathauses eigens für den Fremdenverkehr restauriert.

Die barocke Pfarrkirche von São Vicente stammt aus dem 17. Jahrhundert. Die Azulejo-Dekors an den Wänden sind für diese Epoche ebenso charakteristisch wie die Talha dourada, die reich mit Blattgold überzogenen Holzschnitzereien im Altarraum.

Von der Küstenstraße weiter in südöstlicher Richtung zweigt kurz hinter dem Ortsausgang ein schmales Sträßchen nach rechts ab. Bald leitet ein Fußweg erneut nach rechts, auf dem man nach gut 20 Minuten schließlich Queimadas erreicht, einen Aussichtspunkt mit herrlichem Blick, einem schönen Park und den typischen Wohnhäusern. Wenn man nicht nach Queimadas abbiegt, sondern dem Bergsträßchen treu bleibt, gelangt man zur kleinen, hochgelegenen Verebnung Achada do Teixeira. Von hier aus kann man in rund 45 Gehminuten ohne besondere Schwierigkeiten dem höchsten Gipfel Madeiras, dem Pico Ruivo (1862 Meter), „aufs Dach steigen" und unvergeßliche Ausblicke genießen.

Zurück zur Hauptstraße nach Faial ist der „Wächter" der Nordküste nicht zu übersehen. Stolze 590 Meter hoch ragt der Penha de Águia (Adlerfelsen) empor, scheinbar unnahbar und ein idealer Zufluchtsort für scheue Vögel wie z. B. den Fischadler, der früher hier heimisch war und dem Berg zum Namen verhalf.

Sowohl von Faial als auch von dem südlich des Berges gelegenen Porto da Cruz, das in einer der wenigen verbliebenen Zuckermühlen Madeiras noch Aguardente de cana (Zuckerrohrschnaps) destilliert, gelangt man auf kurvenreichen Routen an die Südküste und zurück nach Funchal. Wählt man die Strecke über den Poiso-Paß, so kann man zuvor den grünen Dschungel des Lorbeerwaldes, der sich an vielen Hängen der

Der 620 Meter hoch gelegene Portela-Paß in Madeiras Nordosten (unten) gilt als eine Wetterscheide zwischen Norden und Süden und ist zudem ein beliebtes Etappenziel von Tageswanderungen entlang den Levadas.

Nordseite ausbreitet, einmal in Ruhe studieren – anhand eines kleinen Lehrpfades in Ribeiro Frio. Der gleichnamige Fluß wird im übrigen durch die stattliche Forellenzuchtanlage genutzt; die nahe Umgebung bietet sich für schöne Wanderungen an. Am Poiso-Paß hat man noch einmal die Wahl:

Eine beliebte „Haltestelle“ vieler Ausflugsbusse ist der zwischen Ponta Delgada und São Jorge an der Nordküste gelegene Aussichtspunkt von Arco de São Jorge. Das Panorama nach Westen – über die weit verstreuten Häuschen der kleinen Ortschaft hinweg – ist schlichtweg atemberaubend.

Entweder man fährt über Terreiro da Luta und Monte direkt zur Inselhauptstadt, oder man unternimmt einen Abstecher auf der Straße, die sich bis zum dritthöchsten Gipfel der Insel, zum Pico do Ariero (1818 m), hinaufwindet – überflüssig zu erwähnen, daß die Lage aussichtsreich ist. Hier beginnt auch die wohl eindrucksvollste Panoramawanderung zum Pico Ruivo!

Wer den vorhergehenden Routen lieber „einen Korb geben“ möchte, trifft mit der östlichsten Nord-Süd-Verbindung die richtige Entscheidung. Von Porto da Cruz aus passiert man den als Wetterscheide bekannten Portela-Paß, bevor man entlang sonnigen Weinlagen und ausgedehnten Obst- und Gemüsegärten Camacha ansteuert. Wenn ein Ort auf Madeira als Synonym für eine bestimmte Tätigkeit angesehen werden kann, dann ist es dieser. Die gesamte Bevölkerung des 6000-Seelen-Städtchens 15 Kilometer nordöstlich von Funchal scheint sich der Korbflechterei verschrieben zu haben. Und dieses Kunsthandwerk hat lange Tradition: Bereits seit Mitte des 16. Jahrhunderts werden hier die dünnen Ruten verarbeitet, die man von den vielen entlang der Nordküste wachsenden Kopfweiden schneidet. Einst stellte man Gegenstände für die Feldarbeit und den Transport her; heute werden zunehmend Dinge geflochten, die Urlaubern gefallen. Die Arbeitsvorgänge sind geblieben: Nach der Ernte werden die langen Weidenzweige geschält, sortiert und in überdimensionalen Eisenbottichen gekocht, bis sie biegsam und geschmeidig sind. Dabei erhalten die Ruten nebenbei ihre hellbraune Farbe. Nachdem sie bündelweise zum Trocknen aufgestellt wurden, erfolgt in den örtlichen Manufakturen die Verarbeitung zu Körben, Stühlen, Spielzeug oder anderen Waren – in mühsamer Handarbeit, versteht sich. In den Läden rund um den Dorfplatz stehen die fertigen Produkte zum Verkauf bereit. Die Auswahl ist riesig, und es gibt fast nichts, was es nicht zu kaufen gibt.

Den abschließenden Höhepunkt dieser letzten Etappe bildet ein einziges Blütenmeer: Blandy's Garden im Osten Funchals. Die Quinta do Palheiro Ferreiro, das historische Herrenhaus des Weinbarons und heute ein kleines, aber sehr feines Hotel, ist umgeben von unzähligen tropischen und subtropischen Pflanzen, die vollständig zu bestimmen selbst einem Botaniker schwerfallen würde. Die üppige Pracht um eine kleine Barockkapelle wetteifert mit phantasievoll beschnittenen Hecken, Laubengängen, Teichen und munteren Wasserläufen – und bestätigt eindrucksvoll einen der schönsten Beinamen Madeiras, der die Insel als „Schwimmenden Garten“ vorstellt.

Der in den grünen Hängen östlich von Funchal gelegene Landsitz Quinta do Palheiro Ferreiro, der heute ein Nobelhotel beherbergt, wurde durch seine Gartenanlagen weit über Madeira hinaus berühmt.

Der Blumeninsel mangelt es sicher nicht an landschaftlicher Schönheit, Badestrände sucht man jedoch vergebens. An einigen Stellen – wie hier in Porto Moniz – lösten die Madeirenser dieses Problem auf ebenso sinnvolle wie kuriose Weise: Man nutzte die natürlichen Gegebenheiten; durch geschickt gezogene Betonsperren zwischen den Gesteinsformationen entstand ein Meerwasserschwimmbad, in dem man selbst bei kräftigem Seegang im Schutz der schwarzen Lavafelsen ein erfrischendes Bad nehmen kann.

Der Küstenabschnitt östlich von Porto Moniz bis São Vicente fällt oft nahezu senkrecht zum Meer hin ab, und über die Felsen stürzen zahlreiche kleine und große Wasserfälle. Hier entlang wurde in den fünfziger Jahren eine der spektakulärsten Straßen gebaut, die sich – von zahlreichen Tunneln unterbrochen und von grandiosen Ausblicken begleitet – in schwindelerregender Höhe um die Felsnasen windet.

Beim Boca da Encumeada überquert man einen 1007 Meter hohen Gebirgspaß – und erlebt einen Landschaftswechsel. Bestimmen auf der Südseite noch die Terrassenfelder der üppig-grünen Serra de Água das Bild, so fährt man an der Nordseite über tauschwere, schier dampfende Berghänge wieder hinab, die an tropische Regenwälder erinnern.

Vom Pico do Arieiro, dem mit 1818 Metern dritthöchsten Gipfel Madeiras, führt ein rund vier Kilometer langer, gut ausgeschilderter und spektakulärer Wanderweg zum höchsten Berg, dem Pico Ruivo (1862 Meter). Bei klarem Wetter sind die Ausblicke – teils über die Bergwelt hinweg sowohl auf die Süd- wie auch auf die Nordküste – atemberaubend.

Die Ortschaft Ponta Delgada erstreckt sich wenige Kilometer östlich von São Vicente auf einer ins Meer ragenden Felszunge; ihre Häuser, Gärten und Terrassenfelder liegen weit über den Küstenvorsprung verstreut. Das gemütliche Dorf ist jeden September Schauplatz einer großen Wallfahrt zu Ehren Christi.

Der
5000 Einwohner zählende Ort Santana thront hoch über der schroffen Küste auf einem weitläufigen Plateau. Er wurde durch seine Casas de colmo bekannt – jene kleinen, strohgedeckten Häuschen, die längst zu einem Aushängeschild Madeiras wurden. Einige dieser meist nur aus einem Raum bestehenden Hütten, die auch im Nachbarort São Jorge noch anzutreffen sind, werden bis zum heutigen Tag von Einheimischen bewohnt, andere wurden ausschließlich als Touristenattraktion für den Fremdenverkehr restauriert.

Der Ort Porto da Cruz an der Nordostküste bezaubert zunächst mit dem alles überragenden Adlerfelsen (Penha de Águia) und einer imposanten Brandung an zwei Kieselstränden. Darüber hinaus hält man in dem sympathischen Küstenstädtchen eine alte Tradition in Ehren: Hier wird noch immer Aguardente de cana (Zuckerrohrschnaps) in einer der ganz wenigen verbliebenen Zuckermühlen destilliert.

Einer der Hauptgründe, Madeira zu bereisen, ist für viele Besucher sicher die Natur und ihr hier besonders verschwenderisch entfachter Blütenzauber. Die Begeisterung für „Portugals schwimmenden Garten" hat eine lange Tradition; immer wieder brachen Gelehrte, Dichter und andere bekannte Persönlichkeiten zu der einst beschwerlichen Reise auf, um Täler und Küsten unter wissenschaftlichen Aspekten zu erkunden oder sich einfach nur dem Blütenrausch hinzugeben.

Die Vielfalt der Blumeninsel zeigt es auf den ersten Blick: Eine Detailbeschreibung zu versuchen, wäre ohne Zweifel sinnlos. Immer blüht irgendwo etwas – und je nach Vegetationszone und Jahreszeit immer etwas anderes. Gerade an der klimatisch begünstigten Südküste können sich tropische und subtropische Pflanzen in Hülle und Fülle entfalten; die Blumen wachsen und gedeihen sowohl wild als auch in öffentlichen Parks oder in den Gärten der Privathäuser. Dabei ist nur gut ein Fünftel der auf über 750 geschätzten Pflanzenarten Madeiras endemisch, also einheimisch, und somit länger hier als der Mensch. Die eigentliche Vielfalt verdankt die Insel in erster Linie den zumeist englischen Kaufleuten, insbesondere Weinhändlern, die sich im 18. Jahrhundert hier niederließen und ihren ganzen Stolz daran setzten, Pflanzen aus aller Welt zu importieren und in den Garten- und Parkanlagen ihrer Quintas heimisch werden zu lassen. Und natürlich wollte man seinem Nachbarn immer um eine botanische Rarität voraus sein. Geradezu richtige „Blumenmuseen" entstanden, und wie bei anderen Sammlungen, die ihren Ursprung in jener Zeit haben, war die Leidenschaft durchaus auch mit wissenschaftlichem Interesse verknüpft. Man versuchte, einen Überblick über den Artenreichtum der neu entdeckten Welt zu gewinnen.

So etwas hatte in den 1770er Jahren auch ein gewisser Andreas Auge im Sinn, seines Zeichens Botaniker, der als Angestellter der British East India Company in Kapstadt arbeitete. Der botanische Garten, den er dort anlegte, wurde weltberühmt. Was das mit Madeira zu tun hat? Auge entdeckte in Südafrika Madeiras heutige Nationalblume,

die Strelitzie. Ihren kuriosen Namen erhielt die „Paradiesvogelblume", deren Blüte in der Tat an einen Vogelkopf erinnert, anläßlich eines Besuchs von George III. von England (1760–1820) als Reverenz an dessen Gemahlin Charlotte von Mecklenburg-Strelitz. Die Königin unter den Madeirenser Schnittblumen ist im übrigen sehr haltbar; Tausende von Urlaubern nehmen sie Jahr für Jahr hübsch verpackt und verschleift mit nach Hause.

Ganz gleich, wann man Madeira besuchen mag: Für Blumen ist immer Saison. Schon um die Jahreswende entfalten die Büsche des bei uns in den Topf verbannten Weihnachtssterns ihre Pracht. Im Frühjahr blühen vielerlei leuchtende Orchideen und feurig rote Passionsblumen, gelber Besenginster, Aloe und Kamelie in Weiß, Rosa oder Rot; gerade zu dieser Jahreszeit steht die ganze Insel im Zeichen der prächtigen Blumenfeste. Im Frühsommer erlebt man die Kalla, den Oleander und die Chrysantheme, im Spätsommer die Hortensie und die Bella-Donna-Lilie, im Herbst die Rechenlilie, den Venusschuh und den Kapokbaum. Ganzjährig bezaubern die Bougainvilleen oder der Hibiskus, und selbst im Hochsommer kann von einer Blumen-Trockenzeit keine Rede sein. Zudem kann Madeira für sich in Anspruch nehmen, Pflanzen zu besitzen, die auf der ganzen Welt kein zweites Mal wachsen.

Mit den unterschiedlichen Klimazonen der Insel wechselt auch die Vegetation. Eine echte, zudem endemische Besonderheit findet man in einer Höhe von 700 bis 1200 Metern in manchen Regionen der Nordflanke: den Laurisilva (Laurazeen- oder Lorbeerwald). Seine Einzigartigkeit sichert ihm die ungeteilte Aufmerksamkeit der Botaniker. Diese urtümliche Waldform, aufgrund derer Madeira einst den Namen „Holzinsel" erhielt, bedeckte vormals die gesamten Mittelmeerländer und Nordafrika. Gegen Ende des Miozäns, des Erdzeitalters, in dem sich Vögel und Säugetiere entwickelten, verschwand der Laurisilva durch die klimatischen Veränderungen der Eiszeit. Überall – außer auf Madeira, den Kanaren, Azoren und Kapverdischen Inseln. Denn hier milderte das Meer die Klimaveränderung. Von den vier Arten der Lorbeerbäume sind auf Madeira der Vinhático (Madeira-Mahagoni) und der Til (Stink-Lorbeer) anzutreffen. Im Zuge der Kolonisierung des Archipels im 15. Jahrhundert und der damit einhergehenden Brandrodung wurde der Bestand stark dezimiert. Heute bedeckt der grüne Dschungel des Laurazeenwalds mit seinen unzähligen Baum- und Strauchgewächsen, Farnen, Flechten und Moosen noch etwa 15 Prozent der Insel. Relativ spät, aber nicht zu spät, erkannte man, daß die Abholzung schwere Bodenerosionen zur Folge hatte: Nicht nur, daß der Regen als kostbares Naß nicht aufgefangen wird, zudem werden auch die fruchtbaren Krumen ungehindert weggespült. Eine Aufforstung mit Eukalyptus und anderen Bäumen, die auch oberhalb von 1500 Metern wachsen können, hatte nicht den gewünschten Erfolg, und so schuf man Anfang der achtziger Jahre den Naturpark Madeira, teils mit Mitteln der EG. Er stellt zwei Drittel der Insel und insbesondere den Lorbeerwald unter Schutz.

Ob nun wild gewachsen oder von Menschenhand angelegt: Das unüberblickbare, kaum zu kategorisierende Blumen- und Pflanzenspektrum dieses Garten Edens erfährt man nicht am besten, sondern man sollte es sich erlaufen. Und hierfür hält Madeira ein in seiner Form einzigartiges Angebot an Wanderwegen bereit, die Levadas.

Rund 20 Prozent der mehr als 750 Pflanzenarten sind endemisch, d.h. sie waren auch ursprünglich auf der Insel beheimatet und wurden nicht wie der Großteil aus den Tropen und Subtropen eingeführt. Neben der Madeira-Lilie kann sich die Insel noch einiger anderer Gewächse rühmen, die ausschließlich in „Portugals schwimmenden Gärten" gedeihen.

Als Levadas bezeichnet man jenes charakteristische Netz von Bewässerungskanälen, mit deren Bau schon im 15. Jahrhundert zur Kultivierung des Zuckerrohrs begonnen wurde. Dieses Leitungssystem, dessen Länge heute – wenn man alle kleinen und kleinsten der weitverzweigten Bewässerungskanäle hinzuzählt – auf fast 5000 Kilometer geschätzt wird, stellt eine wassertechnische Meisterleistung dar. Alles Wasser muß nämlich von der regen- und quellenreichen Nordseite der Insel zur trockenen Südseite geführt werden. Die Südhänge sind durch eine schräggelagerte, wasserundurchlässige Gesteinsschicht gegen durchsickerndes Wasser von den Nordflanken abgeschirmt; was im Norden abregnet und versickert, kommt auch im Norden wieder zutage. Bis heute sind die Levadas ein Zeugnis der überragenden technischen und architektonischen Fähigkeiten, die die Mauren auf diesem Gebiet an den Tag legten. Denn maurische Sklaven waren es, die Viadukte bauten, Tunnels sprengten und - in Körben hängend – Rinnen in die Felswände schlugen, um Wasser in ausreichender Menge um die Berge herum und durch sie hindurch auf die Südseite zu leiten. Obwohl dabei lange Strecken durch unwegsames Gelände zu bewältigen waren, konnten sie nur ein geringes Gefälle zulassen, denn die Quellen im Norden liegen nur unwesentlich höher als der obere Rand der Terrassen, die im Süden bewässert werden sollten. Bis hinauf in eine Höhe von etwa 600 bis 700 Metern reichen die Anbauflächen. Ihre Bewässerung erfolgt von oben durch ein mit Absperrschiebern versehenes Netz immer kleinerer Kanäle und Speicherbecken. Horizontale Furchen in den Terrassen sorgen schließlich dafür, daß auch hier das Wasser ohne Verluste genau dorthin gelangt, wo es gebraucht wird. Daß Wasser ein öffentliches Gut ist, hat man auf Madeira früh erkannt; schon seit 1461 gibt es ein Gesetz für den Verbrauch. Gegen eine geringe Gebühr kaufen die Abnehmer ihre Giros, ihre Zuteilungen, von Wassergesellschaften, die größtenteils in staatlicher Hand sind. Diese übernehmen auch die Instandhaltung der Levadas und stellen die Levadeiros an, die die Zuleitung besorgen und für die Säuberung der Kanäle zuständig sind.

Neben jeder Levada verlaufen Versorgungswege, Passeios das levadas genannt, und auf eben diesen läßt es sich ausgiebig wandern. Je dürftiger die Straßenverbindungen im Inselinneren werden, umso größer ist die Bedeutung des Wegenetzes – sind doch manche Gehöfte und Ansiedlungen nur auf diese Weise zu erreichen. Manche Wegstrecken sind äußerst schmal und winden sich über waghalsige Stufen und schwindelerregende Treppen an steilen Talhängen oder entlang der Felsküste; andere führen durch lange und dunkle Tunnels oder unter rauschenden Wasserfällen hindurch. Wiederum andere sind breit ausgebaut und passieren gepflegte Gartenlandschaften. Da die Levadas im allgemeinen ein nur leichtes Gefälle aufweisen, sind die Wanderungen für alle Altersgruppen geeignet – was sie um so beliebter macht. Alle örtlichen Agenturen und viele Hotels bieten geführte Wanderungen an, die besonders für Neulinge empfehlenswert sind. Entlang den zahlreichen Strecken ist oftmals keine Beschilderung vorhanden, und längst nicht alle Wanderkarten halten, was sie versprechen. In jedem Falle fängt für Levadawanderer die Vorbereitung schon vor Urlaubsbeginn an: Angemessene Kleidung (Wasserfälle, Nebel, Regen), Ausrüstung (z. B. Taschenlampe für die Tunnels) und vor allem richtiges Schuhwerk gehören ins Reisegepäck.

Ganz gleich, ob man sich für einen zweistündigen Spaziergang oder eine Tageswanderung entscheidet: Wer den Bewässerungskanälen folgt, lernt die Insel von ihrer versteckten – und reizvollsten – Seite kennen. Nur wenige Kilometer vom Stadtrand der pulsierenden Inselmetropole Funchal entfernt beginnt eine faszinierende grüne Bergwelt, deren ganze Schönheit sich nur auf Schusters Rappen erschließt.

Viele versteckte Schönheiten Madeiras lassen sich nicht erfahren, sondern nur erlaufen. Wer den Bewässerungskanälen folgt, lernt die Insel von ihrer unbekannten und für Naturliebhaber ohne Frage reizvollsten Seite kennen. Und dafür braucht man nicht weit in die Ferne zu schweifen: Nur wenige Kilometer vom Stadtrand Funchals entfernt läßt sich mit der Levada do Curral e Castelejo oberhalb des bekannten Nonnentals eine faszinierende Bergwelt erschließen.

So etwas wie Madeiras Nationalblume ist die Strelitzie, die Ende des 18. Jahrhunderts aus Südafrika importiert wurde. Ihren Namen erhielt die „Paradiesvogelblume" als Reverenz an Charlotte von Mecklenburg-Strelitz, die seinerzeit mit ihrem Gatten George III. von England in Kapstadt zu Besuch war.

Die Levadas bilden ein einmaliges, mehrere tausend Kilometer langes verzweigtes Netz von Bewässerungskanälen, die die gesamte Insel feinadrig durchziehen. Neben jeder Levada verlaufen Versorgungswege (passeios das levadas), auf denen man herrlich wandern kann. Vor allem die winzige Ansiedlung Rabaçal im Westen der Hochebene Paúl da Serra ist ein überaus begehrtes Ausflugsziel. Hier, inmitten eines wasserreichen Lorbeerwaldes, stehen mehrere Levada-Wege zur Wahl – unter ihnen die reizvollen Routen zu den Risco-Wasserfällen und den 25 Fontes (25 Quellen).

Das kleine Dorf São Roque do Faial erstreckt sich auf einem schmalen Bergrücken unweit der Nordküste. Es erhielt seinen Namen in Anlehnung an den am Meer liegenden Hauptort Faial und ist nicht zuletzt aufgrund seiner pittoresken Szenerie ein beliebtes Etappenziel für Wanderer, die den Adlerfelsen Penha de Águia ansteuern.

In einigen Tälern der Nordküste – so etwa bei Boaventura oder São Roque do Faial – wachsen auffällig viele Kopfweiden. Ist auch das Bergdorf Camacha im Süden als Zentrum der Korbflechterei bekannt, so trifft man in jenen Nordregionen auf ganze Scharen von Landarbeiterinnen, die die Weiden schälen und zum Abtransport bündeln.

Die Serra de Água mit dem gleichnamigen Bergdorf bezaubert mit einer üppiggrünen Vegetation und himmlischer Ruhe. Die romantische Berg- und Tallandschaft unterhalb des Encumeada-Passes im zentralen Inselinneren ist ein Paradies für Wanderfreunde, erschließt sich aber auch Autofahrern entlang der Verbindung zwischen dem Südküstenstädtchen Ribeira Brava und seinem Pendant São Vicente an der Nordküste.

Echte Feinschmecker dürften auf Madeira so ihre Schwierigkeiten haben. Jahrzehntelang wurde die Inselküche nicht zuletzt durch englische Touristen geprägt. Kulinarische Extravaganzen und prätentiöses „Teller-Ikebana" sind so gut wie nicht vorhanden; immerhin haben sich aber auch die „Segnungen" des Fast-Food-Zeitalters nicht durchsetzen können. Und es gibt sie schon noch, die Restaurants und Fischerkneipen, die neben der dominierenden „internationalen Küche" gut zubereitete regionale Gerichte auf der – nicht immer vorhandenen – Karte führen. Man muß sich nur auf die Suche begeben …

Madeiras bekanntestes Fleischgericht ist die Espetada. Dieser Rindfleischspieß ist ein unverzichtbarer Bestandteil der örtlichen Feste, wobei das Fleisch in großen Stücken, gut gewürzt mit Pfeffer, Knoblauch und grobem Salz über offener Holzkohlenglut gegrillt wird – echt nur auf dem Spieß aus Lorbeerholz.

Als König unter den Fischen gilt ohne Zweifel Peixe espada preto (Schwarzer Degenfisch), der weltweit fast nur um Madeira und hier vor allem von den Fischern aus Câmara de Lobos gefangen wird. Er ist eine Art Grundnahrungsmittel der Madeirenser und darf eigentlich in keinem Lokal fehlen. Sein Geschmack ist mild und delikat, besonders im Teigmantel mit einer der kleinen, leckeren Inselbananen. Eine Spezialität in Machico ist der Gaiado, getrockneter Thunfisch. Und einen lokalen Geniestreich, den Gato (Katzenfisch), bekommt man in Câmara de Lobos – getrocknet in würziger Sauce eingelegt – als kleinen Snack oder Vorspeise serviert. Zu einem Süßwasser-Siegeszug durch die Inselküche ist schließlich die Forelle (Truta) angetreten, die im Fluß Ribeiro Frio inmitten des gleichnamigen Naturschutzgebiets gezüchtet und als Jungtier in zahlreichen Flüßchen und Bächen ausgesetzt wird.

Als Nachtisch bieten sich neben den für Portugal mitsamt Madeira so typischen Süßspeisen zahlreiche Früchte an, die hier aufgrund von Klima und Bodenbeschaffenheit unter idealen Bedingungen gedeihen. Wer sich einen Überblick verschaffen möchte, sollte die Markthalle von Funchal besuchen. Bananen, Avocados, Cherimoya (oder Anona), Granatäpfel, Mangos, Maracujas, Tamarillos und diverse Zitrusfrüchte sind bei den Einheimischen beliebt und werden auf vielerlei Arten zubereitet, in Restaurants sind sie hingegen seltener anzutreffen. Recht häufig stößt man indes auf Frauen, die an Straßenständen Bolo de caco verkaufen. Der Teig dieses in Steinöfen gebackenen Brots enthält gekochte und gepellte Süßkartoffeln. Mit einem Strich Knoblauchbutter erhält es das gewisse Etwas.

Der Bolo del mel ist – verwirrend genug – kein Honigkuchen. Es ist einfach kein Honig drin, sondern Mel de cana, Rohrzuckersirup. Früher war dies ein Weihnachtskuchen, inzwischen gibt es ihn das ganze Jahr über. Nicht so liberal handhabt man es mit dem Bolo rei, einem Hefekuchen mit vielen kandierten Früchten, der der Zeit um den Dreikönigstag vorbehalten bleiben soll.

Wenn man nicht ohnehin zum Essen ein Glas Wein trinkt, dann wenigstens danach. So wenig ein heimischer Tischwein in Betracht kommen mag – hier ist man besser mit einem Vinho verde, dem spritzig-jungen Wein aus Nordportugal, oder anderen Weiß- und Rotweinen vom Festland beraten –, desto mehr spielt der eigentliche Madeira-Wein beim Dessert oder als Aperitif eine Rolle.

Die Geschichte des berühmten Vinho da Madeira nimmt gleich mit dem Beginn der Besiedlung ihren Anfang, obwohl er zunächst im Schatten der Zuckerrohrproduktion stand. Heinrich der Seefahrer ließ Malvasia-Reben von Kreta auf die Insel schaffen, wo sie außerordentlich gut gediehen. Und wenige Jahrzehnte später sollen englische Kaufleute schon begonnen haben, den von ihnen „Malmsey" genannten Wein nach Britannien zu exportieren. Er muß von herausragender Qualität gewesen sein. Man behauptet gar, der englische Duke of Clarence wählte 1478 das Ertränktwerden in einem Faß Malvasier als Methode für seine eigene Hinrichtung …

Hergestellt und vermarktet wurden und werden aber nicht nur die edlen Weine, in denen man Angehörige des englischen Königshauses ertränken konnte, sondern auch billigere Varianten. Wein auf Madeira ist ein Kapitel für sich und enthält einige Alchimie. Längst nicht aller Wein, der hier produziert wird, ist ursprünglicher Madeira. Als um 1873 Rebläuse aus Amerika die Weinstöcke befielen und vernichteten, kreuzte man schädlingsresistente, aber im Geschmack minderwertige amerikanische Reben mit der europäischen. So entstanden zwei Klassen von Rebsorten: Castas boas (gute Sorten) und Castas nobres (edle

Das Fischerstädtchen Câmara de Lobos ist nicht nur für den Fang von Schwarzem Degenfisch bekannt. Seine lokale Spezialität ist der Gato, der Katzenfisch, der zunächst in der Sonne ausdörrt und dann – in würziger Sauce eingelegt – als kleiner Snack oder Vorspeise serviert wird.

Sorten). Die wichtigste, obgleich nur „gute“ Rebsorte ist die heute fast ausschließlich verwendete Tinta Negra Mole. Die vier „edlen“ Rebsorten – Sercial, Verdelho, Boal und Malvasia – werden nur noch selten angebaut, und die Weine sind dementsprechend teuer.

Die Sercial-Rebe wächst auf Madeira ausschließlich auf bestimmten Böden in 300 bis 600 Meter Höhe; das beste Anbaugebiet findet sich um Seixal an der Nordküste. Der Sercial ist von blasser Farbe, leichtem Körper, stets trocken bis extra trocken und steht als gekühlter Aperitiv den besten Sherrys in nichts nach.

Die Verdelho-Rebe, deren Hauptanbaugebiet heute bei Ribeira da Janela im Inselinneren liegt, war bis ins 19. Jahrhundert am weitesten verbreitet. Der Verdelho präsentiert sich golden, im Alter dunkler werdend, halbtrocken und wird ebenfalls als Aperitiv gereicht.

Rar gemacht hat sich die Boal-Rebe. Die berühmtesten Weinlagen für diese Sorte liegen bei Estreito de Câmara de Lobos und Campanário an der Südküste. Der halbsüße, für lange Lagerung besonders geeignete Boal ist halbdunkel bis dunkel, ausgereift sehr aromatisch, reich und fruchtig-harmonisch. Als ein hervorragender Dessertwein - leichter als Malvasia oder auch Port - war er in der Kolonialzeit bei den Briten in Indien sehr populär.

Die aus Kreta stammende Malvasiarebe, die erste auf Madeira angebaute Sorte, gedeiht am besten in windgeschützten, sonnigen Lagen knapp über Meereshöhe. Malvasiatrauben benötigen eine lange Reifezeit; der Wein ist wegen des hohen Fruchtzuckergehaltes sehr alkoholreich und war daher bereits vor der Einführung des „Aufsprittens“ mit Weinbrand sehr haltbar.

Madeirawein wird in den unterschiedlichsten Geschmacksrichtungen, Qualitäts- und Preiskategorien angeboten. Ein guter Vinho da Madeira reift oft mindestens 20 Jahre im Faß heran, ein erstklassiger 50 Jahre und mehr.

Der Malvasia erscheint halbdunkel bis dunkel, mit vollem Körper, fruchtig, süß und schwer – der krönende Abschluß einer exzellenten Mahlzeit.

Dem eigentlichen Geheimnis aber, das dem Madeira seinen unverwechselbaren Charakter gibt, kam man erst um das Jahr 1700 auf die Spur: Man entdeckte eher zufällig, daß der Wein beim Transport in tropischen Gewässern durch Erwärmung karamelisierte, ein wissenschaftlich bis heute nicht ganz geklärter Prozeß. 1749 entstanden dann die ersten Estufas (Treibhäuser), in denen diese Erwärmung künstlich vorgenommen wurde. Heute kommen, nachdem die Gärung der Weine abgeschlossen ist, je nach Qualität verschiedene Verfahren zum Einsatz, um den Effekt des Karamelisierens zu erzielen. Die einfachste Methode ist die Erwärmung in Heiztanks von 20 000 bis 50 000 Liter Inhalt, die teuerste die Lagerung der Weinfässer in einem Treibhaus mit Glasdach, wobei die Sonne wie in alten Zeiten das Erhitzen übernimmt. Wenigstens acht, oft bis zu 20 Jahre verbleibt der Vinho canteiro genannte Wein in einer solchen Estufa do sol.

Ein weiteres unverzichtbares Charakteristikum des Madeira ist die Fortificação, das Versetzen des Weins mit Branntwein, das ursprünglich dazu diente, die Haltbarkeit zu verlängern, weil Seeblockaden eine Verschiffung verhinderten. Als deutlich wurde, daß sich neben der Erhöhung des Alkoholgehalts auf 18 Volumenprozent und mehr auch die geschmackliche Qualität weiter verbessern ließ, wurde das Verfahren beibehalten und verfeinert (bekanntermaßen verfährt man mit Sherry oder Portwein ähnlich).

Im Handel erscheinen Madeiraweine in drei Hauptkategorien: Vintages, Soleras und Verschnittweine. Als Vintage bezeichnet man Wein eines bestimmten Jahrgangs, der nicht verschnitten und frühestens nach 20 Jahren Reifezeit im Faß verkauft werden darf. 40 bis 50 Jahre sind die meisten guten Vintages alt; es gibt aber auch noch weit ältere.

Soleras sind Vintage-Weine, die mit anderen guten Sorten aufgefüllt werden, wenn 10 Prozent des Faßinhalts verdunstet oder entnommen worden sind. Dieses Verfahren wird angewendet, wenn sich der Blender, der Kellermeister, etwa bei schwächeren Jahrgängen vom Hinzufügen eines jüngeren Anteils eine Geschmacksverbesserung verspricht. Verschnittweine werden von den Kellermeistern aus mehreren Grundweinen komponiert. Hierbei sollen die Unterschiede der einzelnen Jahrgänge gegeneinander aufgehoben werden – zugunsten des charakteristischen Geschmacks einer jeweiligen Marke. Den Ausschlag für die Alterskategorie des Weins gibt der jüngste Bestandteil der Komposition. Ein Extra Reserve muß mindestens 15 Jahre alt sein, ein Special Reserve über zehn, ein Reserve über fünf und ein einfacher (aber durchaus geschickt titulierter) Finest Choice Selected, der meist keine Rebsortenbezeichnung, sondern nur noch die Charakterisierung sweet, medium, dry oder tipo verdelho trägt, über drei Jahre.

Als wenn es nicht schon mit den verschiedenen Rebsorten, Reifeverfahren und Handelsbezeichnungen kompliziert genug wäre: Man findet auch noch andere phantasievolle Mischungen mit Madeira-Wein – zum Beispiel den Pé de cabra (Ziegenfuß), der aus süßem Madeira, Dunkelbier, Eigelb, Orangeade und Zucker gemixt wird. Da mag es mancher lieber mit dem Aguardente de cana de açucar, dem Zuckerrohrschnaps, halten. Diese echte Spezialität genießen die Insulaner jedoch wiederum meist als Mixtur: Die poncha genannte Version setzt sich aus Zuckerrohrschnaps, gepreßtem Zitronensaft und Honig zusammen.

Wer glaubt, der kulinarischen Vielfalt, die für manchen schnell zum Wirrwarr werden kann, durch die Bestellung eines einfachen Kaffees zu umgehen, der irrt: Bei einer Bica, vergleichbar mit dem italienischen Espresso, oder einem Galão (Milchkaffee) sind Sie noch auf der sicheren Seite. Spätestens beim Cortado kriegt man Sie wieder dran – mit heißem Kaffee und dazu – was sonst als Madeirawein.

In Porto da Cruz an der östlichen Nordküste steht eine der letzten aktiven Zuckerrohrmühlen Madeiras – zu erkennen an ihrem langen Schornstein. Nach der Ernte des Zuckerrohrs in den Monaten von März bis Mai kann man hier zusehen, wie der hochprozentige Aguardente de cana de açucar auf traditionelle Art destilliert wird.

Die Landwirtschaft Madeiras ist durch zahllose klein- und kleinstbäuerliche Betriebe geprägt, die durch geschickte Terrassierung selbst den engsten Raum an dem noch so steilen Hang nutzen. Kein Wunder also, daß die Gemüse- und Früchtesorten der Inselküche nicht aus der Dose, sondern frisch auf den Tisch kommen.

Etwa 20 Flugminuten oder knapp zwei Stunden Bootsfahrt trennen Madeira von dem gerade mal elf Kilometer langen, bis zu sechs Kilometer breiten und 41 Quadratkilometer kleinen Nebeneiland Porto Santo. Zwischen beiden Inseln liegen nur rund 50 Kilometer – und doch Welten. Madeira ist wasser- und regenreich, fruchtbar und bedeckt von üppig-grüner Vegetation. Porto Santo hingegen wirkt beinahe wie ein Wüstensplitter im Ozean. Warm ist es hier und trocken. Die aride, bräunliche Insel, deren Bild ulkige kegelförmige Gipfel bestimmen, kann mit den Naturschönheiten Madeiras sicher nicht mithalten. Mißgünstig blicken Madeiras Steinstrand-Fakire dafür auf Porto Santos schier endloses Badeareal, das der Insel zum Beinamen Dourada, die Vergoldete, verhalf. Und dieses ist in der Tat Gold wert: fast neun Kilometer lang, feinsandig und kaum bebaut. Selbst wenn alle 5000 Bewohner gleichzeitig an den Strand gingen, würde es nicht zu eng. Daran ändern auch die Madeirenser Familien nichts, die im Sommer zahlreich herüberkommen.

Aber Porto Santo hat nicht nur den Strand. „Vor allem die Ruhe", sagt ein Insulaner mit hämischem Blick auf den großen Nachbarn. „Und selbst für 50 Milliarden Escudos bekämen die von Madeira keinen Flughafen wie unseren." Er wurde aus militärstrategischen Gründen geplant und 1960 fertiggestellt. Über drei Kilometer mißt seine Rollbahn, die ohne NATO und Militär kaum ausgelastet wäre. Heute landen hier vor allem kleinere Maschinen.

Stolz sind die Insulaner nicht zuletzt auf einen berühmten Bewohner, der Geschichte schreiben sollte, und auf ihre Geschichte als solche, die früher begann. Porto Santo, der heilige Hafen, wurde bereits ein Jahr vor Madeira entdeckt. Anno 1418 gingen João Gonçalves Zarco und Tristão Vaz Teixeira hier an Land. 1446 wurde ihr „Kollege", der Lissabonner Adelige Bartolomeu Perestrelo, von Heinrich dem Seefahrer zum Legatskapitän ernannt. Sein Name hätte vielleicht nie an Bedeutung gewonnen, wäre da nicht sein späterer Schwiegersohn gewesen. Kein Geringerer als Christoph Kolumbus, der 1479 als Zuckerhändler das erste Mal nach Madeira gekommen war, hatte die Tochter Perestrelos, Filipa Moniz, kennengelernt, geheiratet und war (vermutlich 1480) nach Vila Baleira übergesiedelt. Besonders lange hielt es den Genueser Abenteurer dort nicht. Aber sein Aufenthalt könnte wichtiger für die Weltgeschichte gewesen sein, als man auf den ersten Blick glauben sollte. Legatskapitän Perestrelo war ein ausgezeichneter Seemann. Es ist anzunehmen, daß sich der Schwiegersohn viel von dem nautischen Wissen, daß er für die spätere Atlantiküberquerung brauchte, mit seiner Hilfe aneignete. Außerdem herrschte just in diesen Jahren ein reges Treiben auf den Inseln. Die Schiffe der Entdecker machten regelmäßig Zwischenstation in den Häfen. Die Idee, daß es jenseits des Ozeans ein noch unbekanntes Land geben mußte, lag in der Luft. Und es gab Hinweise am Strand: Immer wieder wurde aus Westen fremdartiges Treibgut angeschwemmt … 1482 hatte Kolumbus genug gesehen. Er begab sich zunächst nach Lissabon und ersuchte vergeblich den portugiesischen König, eine Entdeckungsreise nach Westen zu finanzieren – mit dem Ziel, Indien auf dem Seeweg zu erreichen. Armer João II.: Den Verlust der Vorherrschaft auf den Weltmeeren und den Vertrag von Tordesillas (1494), der die Welt in eine portugiesische und spanische Machtsphäre teilte, hätte es womöglich nie gegeben, hätte er nur dieses Ansinnen erhört. Bekanntermaßen wandte sich Kolumbus jedoch 1486 an Königin Isabel von Kastilien und León, um 1492 – obgleich anders als erwartet – als Entdecker Amerikas in die Analen der Geschichte einzugehen.

Die Nachfolger Perestrelos indes hielten das Gouverneursamt noch gut ein Jahrhundert inne, bis zum Ende des 16. Jahrhunderts, als Porto Santo mit Madeira und ganz Portugal unter spanische Herrschaft gerieten und eine fast 200jährige Phase des Niedergangs begann. Die Insel litt immer stärker unter Piratenüberfällen. Zwar gab es auf Madeira mehr zu holen, aber die Bewohner Porto Santos warnten die große Schwester durch Signalfeuer und verdarben den Korsaren regelmäßig die Chance zum Überraschungsangriff. Das leicht zugängliche, unbefestigte Eiland bekam somit zwangsläufig die Wut der Freibeuter zu spüren. Für die Menschen bedeuteten die Übergriffe jedesmal die Flucht ins Inselinnere, meist zum 437 Meter hohen Berg Pico do Castelo, der gegen Angreifer vergleichsweise gut zu verteidigen war. Wer konnte, verließ die Insel, zumal diese zunehmend verödete und kaum noch Nährboden freigab. Dabei war die schon ab 1420 unter Perestrelo besiedelte Insel zu ihrer Entdeckung keineswegs öde, sondern mit lichtem Buschwald bedeckt. Allzu arglos jedoch wurde das Land gerodet und Getreide angebaut, was nicht ohne Folgen blieb: Im Laufe

Sand soweit das Auge reicht – das ist Porto Santos größtes Kapital. Das schier endlose Badeareal im Süden des Eilandes verhalf der Insel zum Beinamen Dourada, die Vergoldete.

weniger Jahrhunderte trockneten die Böden aus. Es fehlte nicht viel und Porto Santo wäre beinahe ganz aufgegeben worden. Erst Portugals großer politischer und wirtschaftlicher Reformator, der Mitte des 18. Jahrhunderts unter José I. regierende Staatsminister Marquês de Pombal, verhalf der Landwirtschaft zu neuen Impulsen. Man bemühte sich, die Inselberge wieder zu begrünen, und bis in die Gegenwart sind Aufforstungsmaßnahmen ein zentrales Thema.

Mühsam blieb und bleibt das Leben aber auch weiterhin. Wasserknappheit, Seeblockaden zu Beginn des 19. Jahrhunderts, Pflanzenschädlinge und schließlich die Folgen der Wirtschaftspolitik des Diktators Salazar ab 1926 sorgten immer wieder für Auswanderungswellen. Einige Arbeitsplätze bietet inzwischen der aufkommende Tourismus. Die wenige Landwirtschaft bringt etwas Getreide, Feigen, Kürbisse, Melonen und Weintrauben hervor; letztere gelten als die besten Tafeltrauben des gesamten Archipels. Wohlschmeckend ist auch das Mineralwasser der Quelle Fonte da Areia im Inselnorden. Andere Erwerbszweige gibt es, abgesehen von etwas Fischerei und Viehzucht, kaum. Und so geht das Leben auch 500 Jahre nach Kolumbus seinen eigenen, gemächlich-trägen Gang – was Ruhe und Erholung garantiert, aber nicht gähnende Langeweile bedeutet.

Porto Santo ist in vielem gleichbedeutend mit seinem Hauptort. Fast alle Aktivitäten zentrieren sich auf Vila Baleira im Inselsüden, wo fast jeder zweite Bewohner lebt. Auch der Fremdenverkehr ist auf die einzige hier ansässige Hotellerie mit ihren gerade mal 700 Betten beschränkt. Wen wundert's, erstreckt sich der lange Feinsandstrand doch gleich vor der Tür. Das Zentrum des weißgekalkten, hier und da mit Palmen bestandenen Ortes bildet der Largo do Pelourinho, der Rathausplatz mit dem mittelalterlichen Schandpfahl. Gleich neben dem Rathaus, einem schönen Beispiel einfacher portugiesischer Renaissance-Architektur, findet sich auch die hübsche Pfarrkirche von 1430, die oft geplündert und zum Teil zerstört wurde. Geblieben ist die barocke Innenausstattung von 1667. Und Christoph Kolumbus? Der soll in den Gassen hinter der Kirche gewohnt haben; in einem Nachbarhaus ist seit 1989 ein Museum zu seinen Ehren untergebracht.

Auch Aktivurlauber und gar Nachtschwärmer kommen – wenngleich eingeschränkt – auf ihre Kosten. Sportlich Ambitionierte haben zwischen Surfen, Tauchen, Hochseefischen und Reiten die Wahl – ausgedehnte Strandwanderungen nicht zu vergessen. Für das leibliche Wohl sorgen einige Restaurants und Mini-Obststände an jeder Ecke, für die Unterhaltung Bars und die eine oder andere Disco. Noch immer aber ist Vila Baleira so klein, daß man sich kaum verlaufen kann. Und Eile ist – wie überall auf Porto Santo – unbekannt. Das gilt auch für Ausflüge.

Eine Inseltour im Taxi dauert knapp drei Stunden. Wer statt dessen ein Fahrrad mietet, hat mehr vom Eiland. Die etwa 20 Kilometer lange Rundfahrt lohnt sich: sei es durch Weinfelder zum größten Ort im Inselnorden, Camacha, und weiter entlang der Küste zur Quelle Fonte da Areia oder über den kleinen Aussichtspunkt Portela zu den winzigen Bauerndörfern von Serra de Dentro und Serra de Fora im vereinsamten Nordosten. Allerdings kommt es vor, daß man bergauf mal schieben muß, denn auch hier gibt es Steigungen, die es in sich haben. Verglichen mit Madeira ist Porto Santo aber geradezu flach. Nur 517 Meter mißt der höchste Gipfel, der „Fackelberg" (Pico do Facho). Hier hat man einen weiten Überblick, nicht nur auf Porto Santo. Man sieht auch die unbewohnten Desertas-Felseninseln und Madeira. Gleich, was man auch unternehmen mag: Bei der Rückkehr nach Vila Baleira bildet ein Besuch des Cafés Baiana am Rathausplatz den willkommenen Tagesabschluß. Hier kann man herrlich die Seele baumeln lassen und darüber sinnieren, was einen im Zeitalter des Ferntourismus eigentlich so fasziniert an der Entdeckung der Welt und ihrer wechselhaften Geschichte ... und plötzlich ist es spät geworden. Wenn man dann bemerkt, daß es einem ja eigentlich gleichgültig sein kann, hat einen Porto Santos eigentümlicher Zauber schon gefangen.

Porto Santo ist in vielem gleichbedeutend mit seinem Hauptort Vila Baleira, wo gut jeder zweite Bewohner der Insel lebt. Sein Zentrum bildet der Largo do Pelourinho mit dem Rathaus, einem schönen Beispiel einfacher portugiesischer Renaissance-Architektur.

Im Zuge landwirtschaftlicher Reformen während des 18. Jahrhunderts wurden auf Porto Santo zahlreiche Windmühlen zum Mahlen von Getreide errichtet. In Campo de Cima – wenige Kilometer westlich von Vila Baleira – ist eine Handvoll noch in Betrieb.

P orto Santo kann ganz sicher nicht mit den Naturschönheiten der rund 50 Kilometer südwestlich gelegenen, üppig-grünen Hauptinsel Madeira mithalten. Dafür besitzt das kleine, sonnige Nebeneiland jedoch eine Attraktion für Badeurlauber, die der große Nachbar vermissen läßt: einen fast neun Kilometer langen, feinsandigen und kaum bebauten Strand, der sich gleich vor dem Städtchen Vila Baleira erstreckt.

Azulejos: Diese häufig blau auf weiß bemalten oder mehrfarbig gemusterten, gebrannten und glasierten Tonfliesen sind eine traditionsreich-verspielte Wanddekoration in Portugal. Ihre Thematik erstreckt sich von der Darstellung bedeutender geschichtlicher Ereignisse bis hin zu Motiven mit einschlägigem Lokalkolorit. Den Azulejos begegnet man auch auf Madeira auf Schritt und Tritt – wenngleich diese wegen industrieller Massenproduktion oft ihre individuelle Besonderheit vermissen lassen.

Das Azulejo-Motiv mit der Aufschrift „O vos que ideas passando lembrai-vos de nos que estamos penando" fordert Passanten zum Gebet für diejenigen auf, die – unter der Hoffnung spendenden Maria – zunächst im Fegefeuer Sühne leisten müssen.

Blandy's Garden: Die historische Quinta do Palheiro Ferreiro, seit 1996 ein exquisites 5-Sterne-Urlaubsdomizil im Besitz der Nachkommen des Weinhändlers Blandy, befindet sich nur wenige Kilometer östlich von Funchal in stolzer Hanglage. Die Gartenanlagen gehören zweifellos zu den schönsten der Insel, und von dem direkt unterhalb gelegenen, 1994 eröffneten Palheiro Golf Club bieten sich einige spektakuläre Ausblicke auf die Bucht vor der Inselmetropole.

Bordados: Wer nicht eine Flasche Madeirawein oder eine Orchidee als Souvenir wählt, der entscheidet sich vielleicht für diese kunstvoll bestickten Tischdecken, Bezüge o. ä. Die traditionelle Handarbeit wurde Mitte des 19. Jahrhunderts zu einem Luxusartikel im viktorianischen England und erfreut sich bis heute noch großer Beliebtheit. Wer Wert auf Echtheit und Qualität der Ware legt, sollte auf die Bleiplombe der Manufaktur achten.

Cabo Girão: Der Welt zweithöchstes Steilkap liegt an der Südküste zwischen Câmara de Lobos und Ribeira Brava; es fällt stolze 580 Meter senkrecht zum Meer ab. Noch beeindruckender als die Tiefe ist die Tatsache, daß und wie man kleinste Terrassenfelder direkt am Steilfelsen, darin und darunter angelegt hat und bebaut.

Calheta ist der größte Ort an Madeiras Südwestküste. Die Pfarrkirche ist wegen ihrer manuelinischen Verzierungen am Portal und der Holzdecke im Mujedar-Stil sehenswert; an die Zeit des Zuckerrohranbaus erinnern die Schornsteine einiger stillgelegter Fabriken in der Umgebung.

Der Anbau von Zuckerrohr sorgte im frühen 15. Jahrhundert für den ersten Wirtschaftsboom auf Madeira, bis die Produktion des „weißen Goldes" in die Kolonien verlegt wurde. Heute findet man nur noch wenige kleine Plantagen, mit denen der lokale Bedarf an Aguardente de cana de açucar, Zuckerrohrschnaps, gedeckt wird.

Churchill, Winston (1874–1965): Der berühmte englische Premier war regelmäßig auf der Blumeninsel zu Gast. Als leidenschaftlicher Hobbymaler hatte er in Câmara de Lobos sein Lieblingsmotiv gefunden, was man ihm am Ortseingang des Fischerstädtchens mit einer Gedenktafel dankte.

Curral das Freiras bedeutet wörtlich übersetzt „Nonnenstall". Die abgelegene, in einem tiefen Talkessel nördlich von Funchal versteckte Ortschaft verdankt ihren Namen der Tatsache, daß sich die Nonnen des Klosters Santa Clara hier Mitte des 16. Jahrhunderts vor Piraten in Sicherheit brachten. Von dem fast 800 Meter senkrecht über dem Tal thronenden Aussichtspunkt Eira do Serrado bietet sich ein atemberaubender Blick auf verstreute Gehöfte und unzählige kleine Terrassenfelder.

Desertas-Inseln: Die wörtlich übersetzt „verlassenen" Inseln sind drei kleine, fast vegetationslose und unbewohnte Eilande 20 Kilometer südöstlich von Madeira.

Eira do Serrado siehe **Curral das Freiras**

Encumeada-Paß: Der Boca da Encumeada ist ein 1007 Meter hoher Gebirgspaß, den man auf der Nord-Süd-Verbindung zwischen São Vicente und Ribeira Brava passiert. Bei schönem Wetter blickt man von der Paßhöhe sowohl auf die Nord- als auch auf die Südküste.

Espetada: Dieser traditionelle Rindfleischspieß gilt neben dem Peixe espada als eine Art Nationalgericht der Madeirenser – original nur auf dem Spieß aus Lorbeerholz und über offener Holzkohlenglut gegrillt.

Die Espetada gilt als Madeirenser Nationalspeise unter den Fleischgerichten und darf bei keinem Volksfest fehlen.

Faial ist ein beschaulicher kleiner Ort knapp 45 Kilometer von Funchal entfernt an der Nordküste – zu Füßen des imposant aufragenden Steilfelsens Penha de Águia (Adlerfelsen). Doch hat auch dieser auf den ersten Blick unbezwingbar wirkende Felskoloß seine schwache Seite: Vom Dörfchen Porto da Cruz, auf der Südseite des Berges gelegen, kann man durch Bananenplantagen und unter Pinien hindurchwandern, ehe es steil durch die Fels- und Strauchwildnis aufwärts geht. Beileibe kein Weg für Spaziergänger, sondern eine schon recht ernst zu nehmende Angelegenheit für erfahrene und schwindelfreie Wanderer. Alle anderen tun gut daran, den Penha de Águia mit seinem magischen Reiz von unten zu bewundern; auch das ist ohne Frage schon sehr beeindruckend.

Feiras, Festas und Romarias: In Portugal wie auf Madeira feiert man gerne und viel, ob nun im Rahmen von Stadt- und Volksfesten (Festas), in Form von Jahrmärkten (Feiras) oder auf prozessionsreichen Wallfahrten (Romarias). Die meisten Feste sind religiösen Ursprungs; je weiter man ins Landesinnere vorstößt, desto stärker kommt es zu einer Vermischung von christlichen und heidnischen Bräuchen.

Funchal: Einst Ankerplatz auf dem Weg in die Ferne – und vor allem bedeutendes Handelszentrum – ist die Inselmetropole heute der südliche Vorposten der früheren Weltmacht Portugal. Die gut 120 000 Einwohner zählende Kapitale Madeiras präsentiert sich zum einen aristokratisch und anmutig, zum anderen laut und hektisch und konnte allem großstädtischen Treiben zum Trotz vielerorts ihren kolonialen Charme und die ein halbes Jahrtausend alte Geschichte bewahren.

Vor und in Funchals Markthalle werden zahlreiche Blumen von in typischer Tracht gekleideten Verkäuferinnen angeboten. Diese haben sich hinsichtlich der Verpackung freilich längst auch auf das Bedürfnis der Touristen eingestellt, die üppige Blumenpracht transportsicher nach Hause mitnehmen zu können.

Gama, Vasco da (1469–1524): Der bekannteste portugiesische Seefahrer entdeckte 1498 den Seeweg nach Indien und festigte so Portugals Stellung als Weltmacht.

Heinrich der Seefahrer: Der Infante Dom Henrique (1394–1460), der dritte Sohn von König João I., erhielt seinen Beinamen nicht etwa wegen tollkühner Abenteuer auf den sieben Weltmeeren. Im Gegenteil: An den Entdeckungsfahrten hat er bis auf eine Ausnahme nie teilgenommen. Von 1420 an Großmeister des Ordens der Christusritter, versammelte er jedoch Gelehrte verschiedener Wissensgebiete, Seefahrer und Schiffbauer um sich, um Portugals Aufbruch zu neuen Ufern zu planen. Daß dem Unternehmen Erfolg beschieden war, beweist ein Blick in die Geschichtsbücher – Heinrich wird als Pionier der portugiesischen Seefahrt angesehen.

Jardim Botânico: Funchals Botanischer Garten wurde 1960 in der ausgedehnten Parkanlage des ehemaligen Wohnsitzes der schottischen Familie Reid eröffnet, die mit dem gleichnamigen Luxushotel bis heute von sich reden macht. Die Gärten bezaubern durch eine Vielzahl tropischer und subtropischer Pflanzen aus aller Welt und geben einen umfassenden Überblick über die Inselflora.

Kolumbus, Christoph (1451–1506): Daß der Genueser Seemann 1492 Amerika für die spanische Krone entdeckte, weiß jedes Kind. Weit weniger bekannt ist die Tatsache, daß Kolumbus zuvor einige Jahre lang auf Porto Santo lebte, wo er die Tochter des Legatskapitäns Perestrelo ehelichte, und daß er sich zwecks Unterstützung seiner Entdeckungsreise zunächst – vergeblich – an den portugiesischen König gewandt hatte.

Laurisilva: Der Laurazeen- oder Lorbeerwald ist selbst bei der Blumen- und Pflanzenvielfalt Madeiras eine echte Besonderheit, war er doch durch die klimatischen Veränderungen der Eiszeit bis auf wenige Ausnahmen europaweit ausgestorben. Sein Bestand wurde im Zuge der Kolonialisierung des Archipels im 15. Jahrhundert stark dezimiert; heute ist er noch in einigen Regionen nördlich des zentralen Inselgebirges anzutreffen, die als Naturpark Madeira unter Schutz gestellt wurden.

Levadas nennt man jenes einmalige, mehrere tausend Kilometer lange Netz von Bewässerungskanälen, die die gesamte Insel feinadrig durchziehen und an denen man wunderbar entlangwandern kann.

Machico: Madeiras zweitgrößter Ort liegt knapp fünf Kilometer vom Flughafen entfernt in der Bucht, wo 1419 die Inselentdecker landeten. Das rund 20 000 Einwohner zählende Städtchen war als Lehenssitz von Tristão Vaz Teixeira bis Ende des 15. Jahrhunderts gleichberechtigte Hauptstadt neben Funchal und geriet danach über Jahrhunderte hindurch fast in Vergessenheit – bis es vom aufkommenden Fremdenverkehr wiederentdeckt wurde. Neben einer der ältesten Kirchen Madeiras und zwei ehemaligen Küstenforts machen sonnige Gartenlokale und das Ortsbild als solches den Reiz aus.

Manuelinik: Dieser nur in Portugal anzutreffende Dekorstil der Spätgotik – eine phantasievolle Steinmetzkunst, deren Name auf Manuel I. (Regierungszeit 1495–1521) zurückgeht – umgibt zahlreiche Bauwerke mit einem orientalischen Zauber. Vorlagen jener filigranen Schöpfungen lieferten exotische Korallen, Schnecken, Muscheln und Knospen sowie Fabelwesen aus soeben entdeckten Welten, aber auch viele nautische Gegenstände wie Schiffstaue, Kompasse und Anker. Einige Beispiele der Manuelinik finden sich auch auf Madeira, so etwa die prächtige Holzdecke über dem Chorraum der Pfarrkirche von Calheta oder das Nordportal der Alfândega Velha, des alten Zollhauses in Funchal.

Miradouros: Aussichtspunkte (bzw. -terrassen in den Städten) sind gekennzeichnet. Auf Madeira halten entsprechende Hinweisschilder immer, was der Name verspricht – ein Stopp lohnt sich also.

Monte, wörtlich übersetzt „Berg", heißt das sechs Kilometer nördlich von Funchal 550 Meter über dem Meer liegende Villenviertel mit zahlreichen altehrwürdigen Quintas und opulenten Gärten. Es wurde zum einen bekannt durch eine angebliche Marienerscheinung und das daraufhin entstandene größte Kirchenfest Madeiras; in der aufwendig gestalteten Wallfahrtskirche wurde außerdem der letzte Kaiser von Österreich, Karl von Habsburg (1887–1922), beigesetzt. Berühmtheit erlangten zum anderen die Korbschlitten, die Monte so schnell und umweltverträglich wie kein anderes Verkehrsmittel bergab mit der Inselhauptstadt verbinden.

Paúl da Serra: Auf dieser Hochebene im westlichen Inselinneren fühlt man sich in der Tat in eine Art „Gebirgssumpf" (wörtliche Übersetzung) versetzt. Die bis auf 1600 Meter ansteigende, oft nebelverhangene Plateaulandschaft strahlt mit ihrer reduzierten Pflanzenwelt mit niedrigen Heidekräutern und Farnen sowie halbwilden Schafen eine eigenwillig schöne, melancholische Stimmung aus.

Penha de Águia: siehe **Faial**

Perestrelo, Bartolomeo: Der Lissabonner Adelige wurde 1446 von Heinrich dem Seefahrer zum Legatskapitän bzw. Gouverneur auf Porto Santo benannt. Einen gewissen Bekanntheitsgrad erlangte er erst im Nachhinein durch die Heirat seiner Tochter Filipa Moniz mit Christoph Kolumbus.

Peixe espada preto: Der Schwarze Degenfisch, der trotz seines leicht zu verwechselnden Namens im romanischen Sprachraum mit einem Schwertfisch nichts zu tun hat, wurde erst um 1840 entdeckt. Er lebt in relativ großer Tiefe und kam überhaupt nur deshalb zum Vorschein, weil man versucht hatte, etwas weiter von der Insel entfernt als üblich mit einer 800 Meter langen, hakenbesetzten Leine zu fischen. Heute angelt man den schlanken, schwarz glänzend auf den Auslagen der Markthallen feilgebotenen Fisch mit seinen spitzen weißen Zähnen und den riesigen Augen auf dieselbe Weise aus bis zu 1500 Meter Tiefe. Er ist so etwas wie das Nationalgericht Madeiras.

Pico do Arieiro: siehe **Pico Ruivo**

Pico Ruivo: Der Pico Ruivo ist mit 1862 Metern der höchste Gipfel Madeiras, der sich nicht selten in Wolken hüllt. Der Höhenweg vom unterhalb gelegenen Pico do Arieiro (1818 Meter) gehört zu den eindrucksvollsten Wanderstrecken; bei klarem Wetter genießt man unvergleichliche Panoramen der umliegenden Bergwelt und überblickt weite Teile der Insel.

Ponta de São Lourenço: Die langgezogene, überwiegend kahle Halbinsel bildet Madeiras Ostspitze – mit sehenswerten Felsformationen an deren Ende. Sie bietet nicht zuletzt mit dem Prainha eine absolute Seltenheit, nämlich den einzigen, wenn auch kleinen Sandstrand.

Porto da Cruz: Nicht nur, daß in diesem hübschen Ort an der Nordküste noch Schnaps in einer der wenigen existierenden Zuckermühlen destilliert wird, auch bei der Weinlese hält man die alten Traditionen hoch – wenn auch mehr aus Spaß an der Sache denn aus wirtschaftlichen Gründen. Hier wird der frisch gepreßte, teils noch mit den Füßen gestampfte Wein in Borrachos, Schläuchen aus Ziegenhaut, durch Borracheiros genannte Männer zu Fuß vom Weinberg zu den Fässern im Ortszentrum getragen.

Porto Moniz im äußersten Nordwesten verdankt seinen Bekanntheitsgrad den Meeresschwimmbecken aus schwarzer Lava. Wo die natürlichen Pools nicht ganz von den Felsformationen geschlossen werden konnten, half man mit unauffällig gesetzten Betonsperren nach.

Porto Santo ist so etwas wie Madeiras Strandinsel. Obwohl das 41 Quadratkilometer kleine Eiland nur rund 50 Kilometer nordöstlich der Hauptinsel liegt, sind die Klimaunterschiede frappierend: Im Gegensatz zum großen Nachbarn ist es hier vornehmlich warm und trocken. Gleich vor dem Städtchen Vila Baleira, auf das sich auch der hiesige Fremdenverkehr beschränkt, erstreckt sich ein fast neun Kilometer langes, feinsandiges Areal. Und in den schmalen, weißen Gassen hinter der Pfarrkirche wohnte einige Jahre kein Geringerer als Christoph Kolumbus.

Quinta ist die Bezeichnung für einen alten Landsitz wohlhabender Adeliger oder Handelsherren mitsamt den umliegenden Ländereien. Was auf der Blumeninsel Mitte des 19. Jahrhunderts als Urlaubsquartier mangels Hotels gang und gäbe war, erlebt heute eine ungeahnte Renaissance. Auf dem portugiesischen Festland wie auf Madeira werden zunehmend historische Häuser restauriert, um die Reisenden zu beherbergen, die im Zeitalter des modernen Massentourismus ihren Aufenthalt in individueller und authentischer Atmosphäre verleben möchten.

Rabaçal: Die winzige Ansiedlung im Westen der Hochebene Paúl da Serra ist ein begehrtes Ausflugsziel für Wanderfreunde. Inmitten eines wasserreichen Lorbeerwaldes stehen mehrere Levada-Wege zur Wahl – unter ihnen die reizvollen Routen zu den Risco-Wasserfällen und den 25 Fontes (Quellen).

Ribeira Brava ist ein lebendiges Küstenstädtchen direkt westlich des Cabo Girão, das vor allem von seiner Bedeutung als Verkehrsknotenpunkt lebt. Hier beginnen die neue Schnellstraße nach Funchal und die Nord-Süd-Verbindung, die durch die immergrüne Serra de Água nach São Vicente führt.

Santana: In diesem Dorf hoch über der Steilküste im Inselnorden sind noch einige der typischen, winzigen Wohnhäuser (Casas de colmo) erhalten, die zu einem Wahrzeichen Madeiras wurden.

São Vicente bildet den nördlichen Knotenpunkt der schnellsten – und für viele auch schönsten – Nord-Süd-Verbindung. Im Zuge aufwendiger Restaurationsarbeiten seit den späten siebziger Jahren hat sich das Städtchen zu einem der schönsten der Insel gemausert.

Silvester: Der Heilige ist der Schutzpatron der Insel, der alljährlich mit einem grandiosen Feuerwerk am Nachthimmel über der Inselhauptstadt Funchal geehrt wird. Und welcher Termin bietet sich dazu wohl mehr an als die Nacht des Jahreswechsels?

Strelitzie: Diese charakteristische Orchidee (bei uns auch unter dem Namen „Paradiesvogelblume" geläufig) gilt als Madeiras Nationalblume. Sie wurde gegen Ende des 18. Jahrhunderts aus Südafrika importiert, wächst heute vielerorts auf der Insel und ist – hübsch verpackt und mit Schleife versehen – einer der begehrtesten Souvenir-Artikel.

Talha dourada: Das mit diesem Begriff bezeichnete, üppig vergoldete Holzschnitzwerk an Altären und/oder Kapellenwänden stammt aus der Barockzeit. Beste Beispiele auf Madeira sind die Kollegkirche der Universität in Funchal und die Pfarrkirche von São Vicente an der Nordküste.

Teixeira, Tristão Vaz: siehe **Zarco, João Gonçalves**

Tobogan ist die englische Bezeichnung für Korbschlitten. Die mit diesem Gefährt seit dem frühen 19. Jahrhundert hergestellte „Verkehrsverbindung" zwischen dem Bergort Monte und der Inselmetropole Funchal ist weltweit einzigartig und bis in die Gegenwart eine Touristenattraktion ersten Ranges.

Vila Baleira: siehe **Porto Santo**

Vinho da Madeira: Madeirawein ist ohne Zweifel ein ganz besonderer Tropfen. Er hat wie Port oder Sherry eine jahrhundertealte Geschichte und darf – ein bestimmtes Alter und eine gewisse Qualität vorausgesetzt – als einer der besten Dessertweine der Welt bezeichnet werden.

Zarco, João Gonçalves gilt gemeinsam mit Tristão Vaz Teixeira als der Entdecker des Madeira-Archipels. Die portugiesischen Legatskapitäne und späteren Lehnsherren von Funchal bzw. Machico landeten 1418 auf der kleinen Nebeninsel Porto Santo. Von dort aus gelangten sie 1419 zur Hauptinsel, die sie im Auftrag von Heinrich dem Seefahrer erschließen und kultivieren sollten.